„If you have a talent for taste,
you have a talent for life."

Zino Davidoff

Genuss hat viele Facetten. Lassen Sie Ihren Gaumen verwöhnen und treffen Sie sich mit Menschen, die genau wie Sie erlesenen Genuss in besonderem Ambiente zu schätzen wissen.

cooking for friends

persönliche einladung

....

D1984686

cooking for friends

COLLECTION
ROLF HEYNE

BIRGITT WOLFF

cooking for friends

Collection Rolf Heyne

Falls in den Rezepten nicht anders angegeben,
sind alle Mengenangaben für vier Personen.

www.collection-rolf-heyne.de

Copyright © 2003 der deutschen Ausgabe by
Collection Rolf Heyne GmbH & Co. KG, München

Alle Rechte, insbesondere das Recht der Vervielfältigung und Verbreitung, vorbehalten. Kein Teil des Werkes darf in irgendeiner Form (durch Fotokopie, Mikrofilm oder ein anderes Verfahren) ohne schriftliche Genehmigung reproduziert oder unter Verwendung elektronischer Systeme vervielfältigt oder verbreitet werden.

Umschlaggestaltung und Layout: Hauptmann und Kampa Werbeagentur, München – Zürich
Redaktion, Satz und Herstellung:
bookwise Medienproduktion GmbH, München
Lithografie: Lanarepro srl, Lana
Druck und Bindung: Mladinska Knijga Tiskarna, Ljubljana

Printed in Slovenia

ISBN 3-89910-210-X

Inhalt

Vorwort

„Cooking for Friends", für Freunde kochen. Das klingt einfach – und ist es auch, wenn man es versteht, Freunde zu haben und sie zu pflegen.
Für Freunde kochen kann jeder, der die Lust verspürt, mit Fantasie und Kreativität aus einem Essen ein einzigartiges Ereignis zu machen und es mit seinen Freunden zu teilen.
Eine einfache Idee – und für mich der Anfang eines wunderbaren Abenteuers: Freunde zusammenzubringen, sie aufzufordern, an einem Ort ihrer Wahl für ihre Freunde zu kochen. So entstanden zehn fantastische Genuss-Abenteuer, die in diesem Buch festgehalten sind: München, Rügen, Bregenz, Dortmund, Hamburg, Alta Badia, Paris, Hongkong, Rom – überall haben wir gekocht und gefeiert.
Seit ich mit „Cooking for Friends" Menschen zusammenbringe, hat sich mein Freundeskreis enorm vergrößert. Plötzlich gibt es Sharon im InterContinental Grand Stanford in Hongkong und Marianne in Rom, Adalgisa im Hotel d'Inghilterra und Alessio im Ristorante REEF; es gibt Paul im Sofitel und Pierre im Maxim's Paris, Johannes auf Sylt, Holger in Waltrop, Heino im Bregenzer Deuring Schlössle, Sascha im Dorint in Hamburg und Ciccio in der Münchner Speisemeisterei.
„Kochen für zwei bis vier Personen ist doch langweilig", hat meine Freundin Anja Kruse gesagt. Langweilig war es, so glaube ich wenigstens, für keinen unserer Köche. Die einen haben sich wochenlang vorbereitet, die anderen vorgekocht oder sogar ein Testkochen veranstaltet. Die meisten ließen es sich nicht nehmen, selbst einzukaufen, ihre Menüs zu entwerfen, die Einladungen und Menükarten zu schreiben. Meine langjährige Freundin, die Astrologin Elizabeth Teissier, zeigte uns sogar einen Tag lang ihr Paris. Alle haben sie ihr Wissen eingebracht und auch noch einiges dazugelernt, wenn sie das Glück hatten, einen Sterne- oder Haubenkoch an ihrer Seite zu haben. Manche, wie Max Tidof und Lisa Seitz oder Pierre Brice, könnten morgen ein Lokal aufmachen – und wir würden alles stehen und liegen lassen, um einen Platz zu ergattern.

Hinter „Cooking for Friends“ stehen nicht nur die einzigartigen Köche und ihre einzigartigen Gäste, sondern auch Davidoff Cigarettes, eine Marke, die wie kaum eine andere als Synonym für Kennerschaft, Qualität und Genuss gilt. Davidoff Cigarettes stand für die Idee Pate und unterstützte sie mit großem Vertrauen. Ralf Bauer, der für und mit 15 Nationen im Trader Vic's kochte, hat das sehr schön beschrieben: „Wenn jemand Vertrauen in einen hat, gibt einem das sehr viel Kraft. Diese Kraft kann man wieder nutzen und an andere Menschen weitergeben.“ Die Schauspieler, Sänger und Designer, die bei „Cooking for Friends“ mitmachten, haben viel von sich an andere weitergeben: an ihre Crew vom Filmset, an ihre Kollegen oder einfach an ihre persönlichen Freunde – während der Bregenzer Festspiele, zur Eröffnung des Konzerthauses Dortmund, auf dem „Traumschiff“ in Hongkong, vor der atemberaubenden Kulisse der Dolomiten, am Strand von Rügen, in den Straßen der Ewigen Stadt oder in Paris, dem Zentrum der Sterneköche, im Restaurant oder im Designershop.
24 prominente Hobbyköche, 17 Menüs, professionelle Sterne-, Hauben- und Hotelköche, bodenständige und außergewöhnliche Restaurants, Hotels und Veranstaltungsorte – alles ist hier zusammengefasst in einem sehr ungewöhnlichen und persönlichen Kochbuch. Wir möchten Sie teilhaben lassen und inspirieren – nicht nur zum Nachkochen, sondern auch zum Nachahmen. Denn man kann seinen Freunden kein schöneres und intimeres Geschenk machen, als sie zu bekochen.

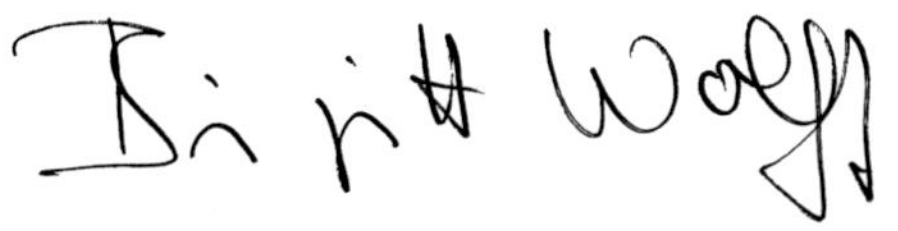

ALTA BADIA
Davidoff
CIGARETTES
ALTA BADIA
DOLOMITES · ITALY

die
events

cooking
for friends

Elsässer Flammkuchen

Mariniertes Büttenfisch auf Selleriegrischpel

Wildhasen Ravioli

Koelun in Beurre blanc

Rehmedaillons im Kräutermantel mit grünem Spargel

Avokadomousse

* FRANCIACORTA – BELLAVISTA CUVEE – BRUT. D.O.C.
* 2000 er SAUVIGNON PRAIL – SCHRECKBICHL – COLTERAZIO
* 2001 er VERNACCIA DI SAN GEMINIANO – TERUZZI E PUTHOLD
* 2000 er FIANO DI AVELLINO – TERRE DORA MONTEFUSCO
* 1999 er BIANCO DI CASTELNUOVO – CASTE NOARNO
* 1998 er LUCE – MARCHESI DI FRESCOBALDI – MONTALCINO
* 1997 er ROSEN MUSKATELLER – HEFENBRUNNER (ALTO ADIGE)

SAFFER WEIN GMBH – FEINKOST FARNETANI – DE CONCILIIS ENOTECA

München

Max Tidof und Lisa Seitz

Speisemeisterei in München-Obermenzing

Wir sollten ein Lokal aufmachen

Speisemeisterei in München-Obermenzing Einfach ist die Speisemeisterei und bodenständig, ohne vulgär oder grob daherzukommen. Die Schlichtheit wird vielmehr in Perfektion zelebriert. Über die Gerichte auf der Speisekarte sagt Lamberto da Re, genannt Ciccio: „Im Grunde war das Essen für Arme." Während der drei Jahre als Geschäftsführer war es ihm immer wichtig, seine Gäste in eine kleine Oase zu versetzen – als gäbe es keine hektische Großstadt um sie herum, als wären sie in den 60er Jahren in der Toskana, in einer Trattoria am Dorfrand, wo die Mama und die Nonna die Küche regieren.

Die nostalgische Verbundenheit mit der Vergangenheit sieht man der Inneneinrichtung an. Die dunkle Kassettendecke ist durch helle Farben und schlichte Freskenmalerei aufgelockert; die rustikalen Holzvertäfelungen wechseln sich mit freundlichem, hellem Strukturputz ab. Wohin man sich auch wendet, schmeicheln liebevolle Details dem Blick: die Flaschensammlungen an den Wänden und die zahlreichen Bilder, die Trockenblumen und Kerzen oder das Podest im hinteren Teil des Lokals. Wehte nicht immer dieser verführerische Duft herüber, wenn die Kellner den Nachbarn ihre Bestellungen servieren, würde man sich hier einfach zurücklehnen und zufrieden seinen Capuccino trinken.

Oder den interessanten Gästen hinterherschauen. Manch einer fragt sich verwundert, woher ihm das Gesicht des Tischnachbarn so bekannt vorkommt. Ein früherer Klassenkamerad? Der Exfreund der Gattin? Oder ein Fernsehkommissar? Die Kellner sind diskret und verraten nichts. Nur manchmal flüstern sie einen entscheidenden Fernseh- oder Kinotipp.

Hat man sich an den Details der Inneneinrichtung, den Gästen und der Präsentation der Gerichte satt gesehen und an Letzteren satt gegessen, ist da noch der traumhafte Blick durch die zimmerhohen Fenster hinaus in den spitz zulaufenden Garten. Zufrieden stellt man beim Averna fest, wie ländlich und grün München sein kann. Unser Geheimtipp für zukünftige Reservierungen: Bestellen Sie Tisch 13 im Glaserker. Dort haben Sie den sonnigsten Platz des Lokals und fühlen sich selbst im Winter, als würden Sie im Freien sitzen. Was? Tisch 13 ist für die nächsten zwei Monate vergeben? Dann warten Sie am besten gleich auf den Sommer: Da bietet der gepflegte Garten am Würmkanal Platz für 200 Gäste.

Lisa: Eigentlich wollten wir schon immer ein Restaurant besitzen, weil wir wirklich begeisterte Köche sind. Aber wegen der vielen Arbeit haben wir es dann gelassen.

Tidof: Sind wir bescheuert? Morgens um vier Uhr aufstehen, um fünf auf dem Markt sein, den ganzen Kram aussuchen, dann anfangen zu kochen, dann stehst du in deiner Küche bis um eins oder zwei, weil kein Mensch so kocht, wie du es gern möchtest.

Lisa: ... und dann schneidest du dir die Fingerkuppen ab ...

Tidof: ... und wenn du einen findest, der so kocht, wie du es möchtest, macht er selbst einen Laden auf.

Lisa: Irgendwann hatten wir die Idee, in der Kneipe eines Freundes Menütage zu machen. Jeder sollte vorher angeben, was er kochen will. Erna von nebenan kann einige Sachen richtig gut und die sollte sie dann kochen, nicht nur für Prominente oder für „Davidoff Cooking for Friends".

Tidof: Wir waren die Ersten, die gekocht haben. Die Idee ist sozusagen bei uns zu Hause entstanden.

Lisa: Wir dürften all unsere Freunde einladen, hieß es. Alle – das wären dann, wär es die erste Kneipe geworden, etwa vier Freunde gewesen. Okay, mehr haben wir auch nicht (ha-ha). Dann wurde es die zweite Kneipe, da durften es immerhin so 40 Freunde sein, von denen die Hälfte schon wieder prominente Freunde sein sollten. Wen wir nicht aussuchen durften, das waren die 40 Personen von der Presse. Denn dadurch, dass es zum ersten Mal stattfand, war der Andrang gewaltig.

Tidof: Wir sollten die Einladungen selbst entwerfen und schreiben. Ich meinte, richtig geil wäre ein Stierkampfplakat, auf dem steht: Die Matadores sind Lisa Seitz und Max Tidof, und wir kochen. Die Stiere, die getötet werden, sind die sechs Gänge; die Impresarios wären Davidoff Cigarettes.

Lisa: Mir war klar, dass die ein Problem damit haben würden.

Tidof: Ich sagte: „Das ist unser Essen, wir laden ein; was hat Davidoff damit zu tun?"

Lisa: Die zahlen das Ganze.

Tidof: Die haben natürlich einen Anfall bekommen. Dann fiel mir ein, dass ich ein Foto habe von Luzie mit zweieinhalb, nackt im Stuhl sitzend, vor ihr ein Tablett mit acht Flusskrebsen und zwei Hummern. Aber das ging mit Davidoff nun überhaupt nicht: Kind und Zigarette – strengstens verboten. Dabei ist das doch mein Kind und ich bin Kettenraucher und das ist doch meine Verantwortung. Da wollte ich schon nicht mehr, wenn man schon nicht mal seine eigene Einladung machen darf ... Schließlich siegte unsere Gier, das Essen zu kochen, und ich setzte mich fürs Foto mit einem Panther an den Tisch.

Die Speisemeisterei ist die Haustrattoria von Tidof und Lisa. Hier schauen sie abends vorbei, wenn sie keine Lust haben, in der eigenen Küche zu stehen.

Lisa und Tidof machen alles selbst, vom Hausausbau bis zur Gartenarbeit. Selbst die Narzissenzwiebeln für den Topf gibt's im eigenen Garten ...

Lisa: Wir haben die Speisemeisterei, unsere Haustrattoria, als Restaurant ausgewählt. Was zwar den Nachteil hatte, dass wir für unsere Kochideen keinen Sternekoch zur Unterstützung hatten, aber den Vorteil, dass wir gänzlich das kochen konnten, was wir wollten. Die Italiener sprachen kein Wort Deutsch, wir keines Italienisch.

Tidof: So konnte man sich gegenseitig nicht reinquatschen. Du kommst also in eine Küche und die steht dir zur Verfügung, das gesamte Haus eigentlich.

Vier Wochen vorher geht's dann los, man sitzt zu Hause und überlegt, was will man überhaupt für ein Menü machen? Und dann arbeitest du einen Schlachtplan aus. Wer macht was? Was macht Lisa, was ich, und was machen die diversen Köche und Hilfskräfte?

Lisa: Die Küchenlogistik mussten wir komplett planen, da wir ja niemanden zur Seite hatten, der verstand, um was es uns ging. Es waren sechs Gänge für 88 Leute. Und sechs Mann Personal in der Küche. Dinge, die schwierig sind, musst du sowieso selbst machen, also überträgst du nur die Dinge, die nicht schief gehen können.

Tidof: Wie zum Beispiel Tomatenconcassé, also die Würfel schneiden. Dummerweise hat einer sie weggeschmissen, und zwar zwei Minuten bevor wir sie brauchten. Also auch Kleinigkeiten können schief gehen.

Und natürlich probierst du vorher möglichst alles einmal aus, zum Beispiel die Marinade für den Butterfisch. Vollkommen anders ist es mit der Pastafüllung für 88 Leute.

Lisa: Du meinst, deine Pasta war wesentlich schwieriger als mein Butterfisch.

Tidof: Meine Pasta war tausendmal schwieriger, weil du sie für 88 nicht ausprobieren kannst. Allein das Rezept, das ich gemalt habe, 30 Seiten Pasta. Butterfisch ist Butterfisch, und fertig.

Lisa: Mein Butterfisch ein Zweizeiler ...

Erstaunlich, dass es uns gelungen ist, im Laufe der gemeinsamen Ehejahre eine Form der Koexistenz in der Küche zu finden.

Tidof: Das heißt, ich trage den Müll raus und schaff das Geld ran.

Lisa: Du holst auch den Wein aus dem Keller und gräbst den Garten um, gehst einkaufen und führst den Hund Gassi ...

Spaß beiseite, es funktioniert tatsächlich. Am Anfang ging das gar nicht, da konnte der eine kochen und der andere musste die Küche verlassen. Mittlerweile geht es Hand in Hand; wenn der eine sagt: „Halt mal schnell" oder „Gieß du das mal ab" – es funktioniert. Es funktionierte schon weit vor „Cooking for Friends", sonst hätten wir uns nie darauf einlassen können. Wenn wir Schichtbetrieb in der Küche hätten machen müssen, wäre das schief gegangen. Die Gerichte waren ja zwischen uns aufgeteilt: Du machst das Gericht, ich die Sauce, du die Beilage, du machst das Fleisch, ich die Marinade. Das war ja Tidofs Tanzkarte, die er vorher ausgefüllt hatte. Wir hatten eine perfekte Choreographie und wussten genau, wer was wann machen muss.

Tidof: Zum Beispiel den Rochen mit Tomatenconcassé und Algen: Lisa hat die lauwarmen Algen gemacht, die Jungs haben den Fisch gebraten und ich war für die Beurre blanc zuständig. Lisa hat mir die Butter reingeschaufelt und ich hab die Pfanne geschwenkt, weil sie so schwer und groß ist.

Lisa: Und ich habe die Beurre blanc gewürzt, was wesentlich schwieriger ist. Weil die beschissene, schwierig eingeschwenkte Beurre blanc ohne Gewürze nichts ist.

Tidof: Die Beurre blanc – wenn sie nicht auf den Punkt geschwenkt ist, fällt sie dir auseinander. Wir stehen also da, Lisa gibt die But-

Natürlich müssen die Weine zum Menü passen und mit Lamberto da Re, genannt Ciccio, getestet werden.

Trau keinem, zu dem du zum Essen gehst:
mit Husky Lilli auf Wildhasenjagd.

Butterfisch oder Rochen: Mal sehen, was die Würm im März hergibt ...

ter rein, ich schwenke das Ganze und dann siehst du aus den Augenwinkeln hinten diesen Fisch, der das zweite Mal gewendet ist, und die braten diesen Fisch, bis er ein kleines schwarzes Stückchen ist. Und du merkst, der Fisch ist im Eimer, und schreist: „Raus mit dem Fisch!“ Und du siehst, wie der Fisch rausgeschaufelt wird, und wenn du nichts gesagt hättest, hätten sie ihn zugrunde gebraten.

Lisa: Wenn wir was gesagt haben, haben sie es geflissentlich so gemacht, wie wir wollten – im Rahmen dessen, was sie verstanden haben. Im Gegenzug haben sie, wenn wir nichts gesagt haben, auch nichts getan.

Tidof: Das war auch nicht leicht für die Küchencrew der Speisemeisterei, sich an uns zu gewöhnen. Ich glaube, die haben uns wie Menschenaffen betrachtet, weil sie nicht wussten, was wir wirklich wollten. Da brechen wir Affen in ihre Küche ein und sagen, wir zeigen euch jetzt mal, wo’s langgeht.

Lisa: Das ist ja ein schwieriger Berührungspunkt, wenn du in so ein eingespieltes Team mit einem Küchenchef kommst, der ja auch ein sehr guter Koch ist, aber eben Trattoria-Essen macht.

Tidof: Du fragst: „Wo sind die Zwiebeln?“, und der Chefkoch sagt: „Da unten, ich geh sie mal holen“, mit einem Blick, der sagt: „Bin ich jetzt zum Zwiebelholer degradiert ...“ Und ich sofort: „Ich komme mit.“ Dass so etwas annähernd funktioniert, ist sowieso ein Wunder. Und plötzlich hältst du diese Küche am Laufen.

Lisa: Die ganzen diffizileren Sachen haben wir eingekauft – also alles, was zum Gelingen beiträgt und von dem die Küchenbrigade auch gar nicht gewusst hätte, wo man es herbekommt.

Tidof: Zum Beispiel dieser leicht zuzubereitende Butterfisch, der wirklich kompliziert zu beschaffen ist, oder der Kaltwasserrochen. Das hat alles unser Herr Staib gemacht.

Lisa: ... nachdem wir aber des Öfteren quer durch die Stadt von Obermenzing zu Käfer sind, alles selbst bestellt und abgeholt haben. Erschwerend kam hinzu, dass Tidof zu diesem Zeitpunkt gedreht hat, und zwar sechstageweise. Nach dem Dreh wurden Pläne erstellt, es wurde vorgekocht. Wir haben versucht, ganz viel zu Hause zu machen, zum Beispiel die Ravioli mit ihrer Füllung. Allein drei Tage haben wir abends die Pastafüllung vorbereitet, dann sind wir immer wieder in die Speisemeisterei, haben mit Ciccio, dem Boss, Dinge durchgesprochen über Gläser, Geschirr, Besteck, was für welchen Gang, welche Form, was brauchen wir an Töpfen und Pfannen.

Tidof: Wir haben schon mal ausprobiert, wie es sich anfühlt, mit den Jungs in der Küche zu stehen. Wo die Dinge, von der Kelle bis zum Messer, sind – damit man, wenn der große Tag kommt, nicht mehr fragen muss. Wir sind nachts um 23 Uhr hin und haben bis morgens um drei Uhr Fischfond gekocht.

Lisa: ... nach einem langen Drehtag.

Tidof: Aber das war wichtig, damit du weißt, mit wem du wann

88 Gäste trinken viel. Und dann noch zu jedem Gang ein anderer Wein!

Elsässer Flammkuchen

Pizzateig | Crème fraîche | 3–5 Scheiben Schinkenspeck (dünn geschnitten) | 2–3 kleine Zwiebeln (schön scharf) | Salz | Pfeffer

Pizzateig oder Brotteig selbst machen aus Mehl, Wasser, Hefe. Den Teig mit Nudelholz so dünn wie möglich ausrollen, je nach Belieben rund oder eckig, einen kleinen Rand hochbiegen. Großzügig (ca. ½ Finger dick) mit Crème fraiche mit einem Löffel bestreichen. Den in 2–3 cm lange Streifen geschnittenen rohen Schinkenspeck drüberstreuen, reichlich Zwiebeln in ganz dünne Ringe geschnitten oder gehobelt drübergeben, salzen, pfeffern nach Bedarf. In den möglichst vorgeheizten Ofen geben, 7–12 Minuten backen.

Serviervorschlag: Auf einem großen Holzbrett.

Weinempfehlung:
(Alle Weine von Feinkost Farnetani, München)
Franciacorta Bellavista Cuvee Brut – die verwendeten Trauben sind 80 % Chardonnay und 20 % Pinot Blanc und Pinot Noir – gelbe Farben mit grünen Reflexen – volles Bukett – reich an reifen Früchten – vollmundig und elegant
oder
Sauvignon Prail, 2000, Schreckbichl-Colterenzio – 100 % Sauvignon-Traube – intensiv nach Fruchtnoten Holunder – Aroma nach Akazienblüten und Salbei – intensiver Abgang

Marinierter Butterfisch auf Selleriekruschpl

Butterfisch | Knollensellerie | Zitronengras | helle Sojasauce | Sherry trocken | scharfer Senf Zucker | weißer Pfeffer

Den Butterfisch in mundgerechte Stücke schneiden, kalt stellen. Sellerie schälen und in kleine Stifte schneiden (mit Julienne reiben). In neutralem Öl frittieren, ganz langsam, nicht zu heiß, bis er goldbraun ist. Auf Küchenpapier abtropfen und trocknen lassen.
Das Zitronengras in ganz kleine hauchzarte Ringe schneiden, mit Sojasauce, Sherry, Senf, Zucker und weißem Pfeffer mischen. Einige Tropfen Wasser zugeben.

Serviervorschlag: Zum Anrichten ein Häuflein Selleriekruschpl. Darauf 2, 3 Stückchen rohen Fisch und ein paar Tropfen Marinade drüber.

Weinempfehlung:
Vernaccia di San Gemiano 2001, Teruzzi e Puthold – zartes Strohgelb mit einer intensiv fruchtigen frischen Note – harmonisch, angenehm im Geschmack – kräftige Note

Wildhasen-Ravioli

Für die Wildhasenravioli:
250 g Wildhasenfilet | 2 Scheiben weißer Speck (dünn geschnitten) | 2–3 Schalotten | 2–3 Karotten | 100 g Champignons (5–7 Stück) | ½ Sellerieknolle | Rosmarin | Thymian | Basilikum | Öl 4 Knoblauchzehen | Honig | Salz | Pfeffer | Muskatnuss | Cognac | Butter | Vieille Prune | Pastateig (110 g Mehl,1 Ei, Prise Salz)

Für die Sauce:
1 Stück Butter | Zucker | Cognac | Knoblauchpulver | 125 g Mascarpone | Salz | Pfeffer Maggi | Cayennepfeffer | Salbei

Das Hasenfilet in Streifen schneiden und mit einem Wiegemesser so fein hacken, wie es geht. Dann den Speck, die Schalotten, die geschälten Karotten, die Champignons und den Sellerie in ganz kleine Würfel schneiden. Die Kräuter klein hacken, jeweils 1 guten Esslöffel. Den Speck in etwas Olivenöl glasig werden lassen, den Knoblauch dazu, dann die Hälfte vom Wildhasen dazugeben und den Rosmarin kurz anbraten, 2–3 Teelöffel Honig dazu, salzen, pfeffern, Muskatnuss drüberreiben und mit einem guten Schuss Cognac ablöschen. Flamme ausstellen und die andere Hälfte Wildhasen roh dazugeben, dass er nur noch etwas Wärme abbekommt, keine Hitze. Das alles muss sehr rasch gehen.
In einer zweiten Pfanne die Schalotten in Butter (nicht zu wenig) anziehen lassen, die Karotten

und den Sellerie dazu, auch das kurz und heiß anziehen (das Gemüse soll noch knackig sein). Je feiner es ist, umso schneller geht's. Dann den Honig und den fein gehackten Thymian (die Kräuter unbedingt frisch) dazu. Anziehen lassen, salzen, pfeffern und mit Vieille Prune ablöschen.
Den Inhalt beider Pfannen in eine Schüssel schütten und mit den rohen Champignons und dem klein gehackten Basilikum vermischen. Evtl. mit Vieille Prune nachwürzen, aber sachte mit dem Salz, die Süße sollte etwas vorn liegen. Den Nudelteig ganz dünn ausrollen und Scheiben (Ø 7–8 cm) ausstechen. Die Scheiben mit Farce füllen, zusammenpappen und in den Kochtopf geben.

Mascarponesauce:
Butter mit Zucker ankaramellisieren, vorsichtig mit Cognac ablöschen, dann Knoblauchpulver (keinen frischen) dazugeben. Mascarpone hinzugeben, mit Salz, Pfeffer, Maggi und Cayennepfeffer abschmecken.

Serviervorschlag: 1 Esslöffel Sauce über 3–4 Teigtaschen geben und mit 2–3 frittierten Salbeiblättern garnieren.

Weinempfehlung:
Fiano di Avellino 2000,Terra Dora Montefusco – leuchtend strohgelbe Farbe mit blassgoldenen Reflexen – kräftiges Bukett

Rochen mit Beurre blanc, Rotweinschalotten, Algen und Tomatenconcassé

Für den Fischfond: 1 kg Fischkarkassen
3–4 Schalotten | 30 g Butter | 1 Staudensellerie
2–3 Lauchstangen | ½ Fenchelknolle | 3 Mohrrüben | 1 l Weißwein | 1 l Wasser | 2 Lorbeerblätter
2–4 Stängel Thymian | 15 Pfefferkörner | Salz

Für die Rotweinschalotten und Beurre blanc:
2–4 Schalotten | ¼ l Rotwein | 1 Schalotte
¼ l Fischfond (selbst gemacht) | 1 EL Essig
¼ l Weißwein | Noilly Prat | 70 g gefrorene Butter
Salz | Pfeffer | Zitrone | etwas geschlagene Sahne

Für die Algen:
200 g Algen | 2 Knoblauchzehen | Olivenöl | helle Sojasauce | Salz | Pfeffer | Zitrone

Für den Rochen und die Tomatenconcassé:
1–2 Rochenflügel (je nach Größe) | Butter
10–15 Kirschtomaten

Fischfond:
Fischkarkassen wässern, die Kiemen entfernen. Die klein gehackten Schalotten in der Butter glasig dünsten, Karkassen dazu, 2–3 Minuten anziehen lassen. Dann das in Stücke geschnittene Gemüse dazugeben, ein bisschen andünsten und mit Wein, dann mit Wasser aufgießen. Wenn der Fond kocht, Kräuter und Pfefferkörner dazugeben und salzen. Den Fond 45 Minuten köcheln lassen, dabei abschäumen, dann den Fond durch ein Sieb abgießen.

Rotweinschalotten:
Die Schalotten ganz klein hacken, in eine Pfanne geben, mit dem Rotwein zusammen einkochen, bis keine Flüssigkeit mehr da ist. Dann in den warmen Ofen stellen, bis die Schalotten vollkommen trocken sind.

Beurre blanc:
Die Schalotte klein hacken. Mit Fischfond, Essig und Weißwein aufsetzen und einkochen lassen. So lange reduzieren, bis die Saucenmenge erreicht ist (ca. 5 Esslöffel). Durch ein Sieb abseihen, damit die Schalotte zurückbleibt.
Jetzt den Fisch braten und die Algen zubereiten und während des Anrichtens die Sauce folgendermaßen fertigstellen:
In die Reduktion einen guten Schuss Noilly Prat geben und 2–3 Minuten aufkochen lassen, salzen und pfeffern. Die eiskalten Butterstückchen in die kochende Sauce werfen. Den Topf vom Feuer nehmen und schwenken, bis die Butter mit der Sauce verbunden ist. Sie darf auf keinen Fall mehr kochen, da sie sonst trennt. Nochmal abschmecken und einen Spritzer Zitrone hinzugeben. Die Rotweinschalotten dazugeben und einen Klecks geschlagene Sahne unterrühren.

Algen:
Die Algen wässern und säubern, also holzige und matschige Teile entfernen. Den Knoblauch in hauchdünne Scheiben schneiden, in einer Pfanne mit Olivenöl kurz anschwitzen. Die Algen dazugeben, mit einem Spritzer Sojasauce, Salz, Pfeffer und Zitrone abschmecken. Lauwarm servieren.

Rochen und Tomatenconcassé:
Am besten Rochenflügel vom Händler häuten und filetieren lassen. Salzen, pfeffern, von beiden Seiten in Butter schwimmend kurz und heiß anbraten (pro Seite 2–3 Minuten), rausnehmen und abtropfen lassen.

Feste, süße, reife, wohlschmeckende Kirschtomaten in kochendem Wasser abbrühen (vorher die Haut kreuzweise einschneiden), enthäuten und in kleine Würfel schneiden.

Serviervorschlag: Den Rochen mit etwas Algen und einem Häufchen Tomatenconcassé anrichten. Einen großzügigen Löffel Beurre blanc darüber geben.

Weinempfehlung:
Bianco di Castelnuovo 1999, Castel Noarna (Marco Zani), Alto Adige – Cuvée aus vier Rebsorten (Rheinriesling, Traminer, Chardonnay und Sauvignon) – zum Teil in Holz vergoren – komplexer, aromatischer Wein

Nach wochenlanger Vorbereitung der große Tag für das ideale Team:
Die Küche der Speisemeisterei gehört Lisa und Tidof.

reden musst, wer wann welche Töpfe abspült. Logistik eben.

Lisa: Wir mussten uns ja plötzlich Gedanken machen, die wir nie hatten, zum Beispiel, wie und mit welcher Temperatur bei den einzelnen Gängen die Teller gewärmt werden.

Tidof: Oder wir haben drei Wochen vorher die Füllung für die Ravioli gemacht und der Speisemeisterei gezeigt, wie die Teigtaschen aussehen sollen, wie groß und wie dick; weil wir dachten, die kann man doch auch einfrieren. Nicht so bei den Italienern: Die Füllung wurde dann eingefroren und der Teig vor Ort frisch gemacht. Bedeutete aber für den Tag, dass fünf Leute da stehen und den Ravioliteig machen und für nichts anderes zu haben sind. Das ist die Ehre der Italiener.

Lisa: Und dann der Flammkuchen. Ein wirklich simples Gericht, aber nicht für eine italienische Pizzeria. Obwohl sie Pizzen mit tollem, dünnen Teig machen, dachten sie, wir wollten was ganz anderes. So bekamen wir an fünf verschiedenen Tagen fünf Varianten von Flammkuchen. Irgendwann haben sie es dann in langen Selbstversuchen geschafft. Wir liefen immer wieder in die Küche und sagten jedesmal, dass es sehr lecker ist, aber noch nicht ganz genau das, was wir wollen.

Tidof: Nach dem dritten Tag denkst du, bald kommen die ersten Morddrohungen, weil du jemanden beleidigst. Ihr habt die falschen Zwiebeln, ihr habt den falschen Speck und der Teig ist zu fett. Die waren sicher genervt von uns – und alles ohne eine Sprache zu sprechen, in der du es wirklich erklären kannst. Domenico Bavastrelli, kurz Mimmo, ist der Chefkoch, Tidof der Idiot, und der Chefkoch lässt sich von mir Idioten erklären, was er tun soll.

Lisa: Nicht zu reden von der anderen Seite der Organisation: Wie schreibe ich die Menükarten, wie setze ich meine Freunde und Gäste? Und dann dieser wunderbare „Brisant"-Beitrag am Tag vorher: Dankwart Bette, von allen Danko genannt, wollte die Vorbereitung drehen. Einkaufen auf dem Markt und so. Wir dachten, das ist doch blöd, auf den Mark zu gehen, einen Apfel in die Hand zu nehmen und zu sagen: „Oh, was für eine interessante Frucht." Das wäre nicht unsere Sache. Und spontan kamen uns ein paar schöne Ideen. Wir hatten ja den Wildhasen und das Reh, und das muss man natürlich schießen. Was dann Tidof mit Pfeil und Bogen tat, mit Husky Lilli als wildem Jagdhund im Schlepptau.

Tidof: Ich schieße mit Pfeil und Bogen, Ciccio sitzt neben mir und fragt: „Was gibt's heute?" Und ich sage: „Hund". Und danach gehen wir in den Garten, weil wir Gemüse brauchen, und graben irgendwelche Narzissen aus.

Lisa: Klar, wir hatten ja die Zwiebeln vergessen, also rasten wir in den Garten, hackten die Narzissenzwiebeln klein, um sie in den Topf zu werfen.

Tidof: Lisa hat eine Machete genommen, neben meinem Kopf hochgeschmissen und die Narzissen in unglaublicher Geschwindigkeit zerhackt. Es ist ein Wunder, dass sie ihre linke Hand noch hat und ich noch lebe.

Lisa: Es bietet sich ja an, dass man die Fische, die man zum Abendessen braucht, im Würmkanal harpuniert. Also lief Tidof im azurblauen Neoprenanzug plus Flossen und Taucherbrille die Straße entlang bis zum Kanal. Er sah aus wie das Sams. Es war ein Sonntagnachmittag mit Millionen Spaziergängern, mit herrlichem Wetter, und alle standen auf der Brücke und schauten zu, wie Tidof im eiskalten Würmkanal steht, mit Fischen im Mund, die ich vorher in der Metro gekauft hatte.

Tidof: Ich möchte betonen, dass ich vorher in diesem lächerlichen Aufzug an all meinen Nachbarn vorbeigelaufen bin, die hinterher gesagt haben, sie hätten mir doch einen richtigen Taucheranzug geliehen, nicht so ein albernes Teil in Azurblau mit roten Streifen am Rand.

Lisa: Als ich den Fisch kaufte, nahm ich zwei kleine Sardinchen, weil ich dachte, es sei lustig, dann hätte er einen auf der Harpune und den anderen könnte er ausspucken.

Tidof: Diese ölige, schleimige, schmierige Sardelle, die du dann in den Mund nimmst. Du musst einmal Luft holen und tauchst unter, dann wartest du ein bisschen, bis Danko und der Kameramann oben so weit sind; dann tauchst du auf und tust so, als würdest du voller Überraschung diese Sardellen auskotzen.

Rehmedaillons im Kräutermantel mit grünem Spargel

Für die Rehmedaillons:
1 ausgelassener Rehrücken | je 1 Strauß Rosmarin, Thymian und Minze | 3 Knoblauchzehen Semmelbrösel | frisch geriebener Parmesan Salz | Pfeffer | Mehl | 3 Eigelbe | Butter | Öl

Für den getrüffelten Spargel:
500 g grüner Spargel | Butter | Salz | Pfeffer | Zucker | Noilly Prat | rote Pfefferkörner | 70 g gefrorene Butter | Trüffelöl

Das Reh in ca. 3 cm dicke Scheiben schneiden, sodass schöne Medaillons entstehen. Für die Panade die Kräuter klein hacken (nur die Blätter), ebenso den Knoblauch (so fein wie möglich, aber nicht pressen). Kräuter und Knoblauch zu gleichen Teilen mit den Semmelbröseln und dem Parmesan mischen (eher ein bisschen mehr Parmesan). Salzen und pfeffern.
Einen Teller mit Mehl, einen mit Eigelb und einen mit Panade nebeneinander stellen und das Fleisch panieren. Erst ins Mehl, abklopfen, dann ins Ei, abtropfen lassen, dann in die Panade. Die Medaillons in viel heißer Butter und etwas Öl von beiden Seiten braten, bis die Panade goldbraun ist (das Fleisch muss schwimmen, sonst backt die Panade an). Das Fleisch sollte innen noch rosa sein.

Getrüffelter Spargel:
Spargel schälen. Schalen und Abschnitte mit ½ Liter Wasser, etwas Butter, Salz, Pfeffer und Zucker aufsetzen. Bis auf 5 Esslöffel reduzieren, dann abgießen. Einen guten Schuss Noilly Prat dazu und die roten Pfefferkörner und noch mehr Zucker (die Süße muss vorschmecken).
Zu diesem Zeitpunkt sollte man das Fleisch braten und den in 5–7 cm große Stücke geschnittenen Spargel kochen (in Wasser, Salz, Pfeffer, Butter, Zucker).
Die reduzierte Sauce mit der gefrorenen Butter einschwenken (siehe Beurre blanc).
Ein paar Tropfen gutes Trüffelöl beigeben (dezent, denn die Sauce soll nicht parfümiert schmecken).

Serviervorschlag: Reh und Spargel auf dem Teller anrichten und die Sauce über den Spargel geben.

Weinempfehlung:
Luce 1997, Marchesi de Frescobaldi, Robert Mondavi, Montalcino – Duft mit Tertiäraromen von Leder, Lakritz und Konfitüre roter Früchte – Verschnitt aus Sangiovese und Merlot – langer Abgang

Avocadomousse

1 große oder 2 kleine Avocados | 250 g Sahne 1 unbehandelte Zitrone | 50 g Zucker | 2 TL Vanillezucker | etwas frische Minze

Avocado mit der Gabel zerdrücken oder im Mixer pürieren. Etwas abgeriebene Zitronenschale und -saft zugeben, dann den Zucker. Ca. 6–10 Blättchen Minze fein hacken und unterrühren. Die Sahne sehr steif schlagen und vorsichtig unterheben. Kalt stellen.

Serviervorschlag: Einen Esslöffel in heißes Wasser tauchen und schöne Kugeln abstechen. Schön anrichten kann man die Avocadocreme auf einem Fruchtspiegel aus Himbeere oder Mango. Mit Fruchtschnitzen – Feige, Sternfrucht, Physalis – dekorieren und mit Puderzucker überstreuen

Weinempfehlung:
Rosen Muskateller 1997, Tiefenbrunner – hellrubinrot mit orangefarbenen Reflexen und einem Bukett nach Rosen und Zimt – opulent, würzig, süß – langer Abgang

Lisa: Nicht auskotzen, sondern elegant mit spitzem, puttenhaftem Mündchen ausspucken. Und die kleinen Kinder, die drum herum standen, sagten: „Igitt, würg, guck mal, der hat ja wirklich den Fisch im Mund. Eklig."

Tidof: Mit jedem Ausspucken reißt ein bisschen mehr von der Magenwand aus.

Lisa: Ja, das waren die Vorbereitungen. Wir lagen denn auch so manche Nacht im Bett und dachten, kriegen wir das denn wohl gebacken, haben wir an alles gedacht, ist es in der geplanten Form machbar? Zwei Tage vor unserem Event waren wir eingeladen zu einer Kochbuchvorstellung und einem Menü der besten Köchin Österreichs. Wir gingen mit gemischten Gefühlen hin – mit Vorfreude, aber auch mit Angstgefühlen, weil wir dachten, jetzt bekommen wir hier ein perfektes Essen und machen uns dann die Hosen voll für übermorgen, denn natürlich werden wir das nicht so hinkriegen wie die beste Köchin Österreichs.

Tidof: Was dann schön für uns war – dass eigentlich nichts funktionierte bei diesem Essen: Die Vorspeisen, die so rumstanden, waren stinkend langweilig, es hat irrsinnig lange gedauert, bis überhaupt was zu essen auf den Tisch kam, und den Hauptgang gab es um kurz vor zwölf.

Lisa: Wir gingen ganz vergnügt nach Hause, weil uns diese Erfahrung den Druck rausnahm; auch bei den Profis haut's nicht immer hin. Und als dann der Tag kam, sind wir verhältnismäßig entspannt in die Speisemeisterei spaziert. Weil wir ja gut vorbereitet waren, wir hatten vier Wochen darauf hingearbeitet, nachgedacht, gekocht – ich weiß nicht, wie viele Tage wir im Endeffekt aktiv gekocht haben, aber es war alles geplant. Jetzt kam es nur noch darauf an, das Küchenteam im letzten Stück auf unsere Seite zu bringen.

Tidof: Und dann ging trotzdem so einiges schief. Es gab eine klare Ansage, dass auf keinen Fall von irgendetwas zu wenig da sein darf, weder vom Rehrücken noch von der Butter, zu wenig Fleisch oder Kräuter – wir konnten ja nicht sagen, wir machen jetzt doch eine Pasta, weil plötzlich nicht genug da ist. Ja, und dann fingen wir an, den Rehrücken zu schneiden, und Mimmo, der Chefkoch sagte, es ist zu wenig, wir haben 53 Teile, 88 brauchen wir. Dann ging Mimmo an die Gefriertruhe und holte Rehcarpaccio raus und einer kam mit Lammcarrés. Da habe ich kurzfristig entschieden, halb Lamm, halb Rehrücken zu machen, das würde sowieso keiner merken.

Lisa: Eine hat doch tatsächlich später gesagt: „Ich hatte ein Reh ohne und ein Reh mit Knochen". Wunderbar!

Tidof: Wir haben eh sehr gut die Nerven behalten bei all den Sachen, die so im Laufe des Tages passierten, wir haben nicht gefragt, warum, sind nicht in Schreie ausgebrochen, haben nicht auf den Boden gestampft. Wir mussten schnelle Entscheidungen treffen, wir haben uns zusammengerauft mit der Küchenbrigade.

Lisa: Wir hatten von zwei Uhr nachmittags die Kamerateams im Stundentakt und alle Innigkeit, die sich zwischendurch gebildet hatte, war sofort wieder beim Teufel. Bei jedem Interview schauten sie nur zu und dachten, was machen die jetzt wieder für Sachen. Das war ja auch anstrengend, wenn die Kameraleute sagten: „Könnt ihr noch mal Zwiebeln schneiden" – die wir natürlich in dem Moment gar nicht brauchten. Du machst dauernd völlig unsinnige Sachen, damit die ihre Bilder haben, musst aber gleichzeitig in deinem Zeitplan bleiben. Und dann kamen die Gäste, was wir irgendwann auch mitbekommen haben. Da rannten Tidof oder ich zwischendurch immer wieder raus zum Begrüßen. Das mussten wir aber immer büßen, denn wenn wir nicht da waren, fiel die Küche in einen Dornröschenschlaf. Sie wussten ja auch nicht, was tun.

Tidof: Dann haben wir erst mal gemeinsam den Flammkuchen rausgetragen und danach den Butterfisch; das war nicht problematisch, denn das war ja kalt, und so waren die Gäste erst mal zufrieden – auch mit dem hervorragenden Wein, den Ciccio ausgesucht hat.

Lisa: Ich bin nicht mehr aus der Küche gekommen bis nachts um eins.

Tidof: Ich bin zwischendurch mal raus, um eine Ansage zu machen, und dann kam die erste Prüfungsnummer: die Wildhasenravioli. Lisa hatte ja die Sauce vorgekocht, dann wurden die Ravioli ins Wasser geschaufelt – und plötzlich kommt Lisa und sagt, die Sauce ist auseinander. Die Sauce hatte sich getrennt. Neue Sauce machen, „ich brauche einen Topf, diese und jene Zutaten"; alle sind aufgeregt, der eine sagt, wir haben nicht mehr genug Mascarpone, egal, dann eben Sahne. Dann kam Mimmo und ging ganz langsam los und rührte in dem Topf rum und schaufelte irgendeinen Krempel da rein.

Lisa: Ich sagte: „Was machst du da?" Und Mimmo sagte, „mal schau'n", und nahm eine Kelle aus einem Topf mit Béchamelpampe, die da in der Küche den ganzen Tag schon rumstand und mir ein Dorn im Auge war.

Tidof: Und während Lisa schon völlig hektisch die nächste Sauce machte, während die Ravioli für 88 Menschen schon fast fertig waren, wir Angst hatten, dass sie zerkochen, tauchte Mimmo mit völlig stoischen Bewegungen nochmals die Kelle in die Sauce .

Lisa: Und ich rief, „kriegst du es hin?" und Mimmo sagte nur, „ja, ist gut". Tidof rief: „Mimmo hat mit Béchamel die Sauce wieder hinbekommen!" und da schüttelte Mimmo den Kopf und meinte: „Nein, nicht Béchamel, nur ein bisschen Butter und Mehl."

Tidof: Dann entstand eine stille Pause, in der Lisa von der einen und ich von der anderen Seite an den Topf traten und mit den Fingern kurz probierten, dann wurde Lisa hektisch, „ich brauch noch Maggi, ich brauch noch dies und das", und die Sauce war wieder wunderbar.

Lisa: Naja, mittelwunderbar. Die Sauce ist deshalb zusammengefallen, weil mir Mimmo im Vorfeld sagte, das sei zu wenig, und da wir ja nun wirklich keine Ahnung haben, wie man bei 88 Leuten portionieren muss, habe ich wieder eine neue Sauce angesetzt und die mit der anderen gemischt. Und wenn du die Basis der Sauce, mit braun gemachter Butter, die du ankaramellisierst, in die bestehende tust, hast du plötzlich zu viel Fett im Verhältnis zur anderen, und dadurch fällt sie dir auseinander.

Tidof: Dabei hätte die Sauce gereicht, denn die Wildhasenravioli sind so raffiniert, dass man nur einen Klecks Sauce drübergibt und nicht, wie es dann passierte, dass der Zuständige aus der Küchenbrigade mit einer großen Schöpfkelle einfach in den Topf ging und auf zwei bis drei Teller so viel drübertat, dass die Ravioli in der Sauce schwammen. Die Nummer war eigentlich, dass du den Teelöffel einmal drüberziehst.

Lisa: Dann kam das Rochendrama. Es ging schon damit los, dass sie die große Pfanne anheizten und wir sagten, wir brauchen aber viel Butter. Und irgendwann drehe ich mich um und sie fragen, „Lisa, so gut mit Butter?" Die Pfanne war schon halbvoll mit flüssiger Butter und es schwammen noch ca. elf Halbpfund-Butterstücke drin herum, die wir ganz schnell herausfischen mussten. „Hast du gesagt, viel Butter."

Tidof: Der Fisch brutzelte schon vor sich hin und wir fangen gerade mit der Sauce an, da frage ich: „Wo sind die Rotweinschalotten?" Und Lisa sagt, „habe ich vergessen".

Lisa: Nein, ich sagte, „zu Hause im Ofen". Ich wusste genau, wo sie sind.

„Tidof und Lisa sollten ein Lokal aufmachen" – darüber sind sich die Freunde Sissi Perlinger (oben), Hajo von Stetten, Julia Stemberger (oben rechts) und Chefkoch Domenico Bavastrelli, kurz Mimmo, einig.

„Selten so gut gegessen“:
Die Freunde Barbara Rudnik, Miro Nemec, Dagmar Konsalik, Djamilla und Wolfgang Fierek finden die Kochkünste von Lisa und Tidof einfach genial.

Tidof: „Dann lass uns schauen, dass wir es ohne hinkriegen, oder irgendeiner soll losfahren". Ich stürme raus, sehe Danko, der gerade Frau Kruse und Frau Stemberger interviewt, und sage, „Du musst sofort los und Rotweinschalotten aus unserem Backofen holen!" Er sagt, „mach ich", interviewt aber weiter. Ich brülle, „jetzt gleich", und Danko guckt und sagt „Entschuldigung", reißt beiden die Mikros weg und die Kamera und stürmt los. Luzie, unsere Tochter, sagt, „ich zeige Danko den Weg". Da nahm das Drama seinen Lauf, weil Luzie den Weg beschrieb. Die fuhren los, sie sagte, „jetzt rechts", Danko sagte, „das ist eine Einbahnstraße", „dann links", „das ist eine Sackgasse", „dann geradeaus". Wenn du schnell bist, brauchst du fünf Minuten – aber nicht mit Luzie.
Ich rufe nach sechs Minuten: „Lisa, wir richten an! Fisch raus, wir gehen los ohne die Rotweinschalotten. Fisch auf die Teller, dann die Algen, dann die Tomatenconcassé." Da entstand eine merkwürdige Pause. Ich rief: „Wo sind die Tomatenwürfel?" und einer musste sagen: „Die hat jemand weggeschmissen."
Lisa: Plötzlich absolute Stille in dieser Küche; sie wussten es alle schon längst, nur wir nicht. Weil der Gang raus musste, sagten wir, „ok, dann ohne Schalotten und ohne Tomaten".
Tidof: Dann sahst du den Pizzabäcker plötzlich einen Mörderblick bekommen, auf einen anderen von der Crew zeigen und pfeifen. Der nimmt ein riesenlanges Messer, schmeißt es, der Pizzabäcker greift es in der Luft, ein anderer wirft ihm eine Tomate zu, die knallt er aufs Brett und schneidet sie in einem Affenzahn, tötet die Tomate sozusagen durchs Angucken.
Lisa: Es sollten ja besondere Tomaten sein, die wir vorher extra besorgt hatten, enthäutet und entkernt – nun waren es kalte, mehlige Pizzatomaten mit Haut und Kernen, die auf dem Teller lagen. Am Ende hat kein Mensch irgendwas gemerkt. Aber das ist ja das Schicksal des Kochs, dass es keiner merkt.
Tidof: Wenn du einen wirklich geilen Fisch isst, mit einer tollen Sauce, noch dazu mit den warmen Algen, dann sagst du doch nicht: Sie hätten aber leckerere Tomaten nehmen können. Das sagst du sicher nicht. Also wir richten an und die ersten Teller gehen raus aus der Küche. In diesem Moment wandert plötzlich von hinten ein schwarzer unansehnlicher Topf rein, der uns gehört, und darin sind die Rotweinschalotten. Die hören sich nur toll an, aber nicht, wenn du sie in diesem Topf siehst – schwarze angebrannte Pampe am schwarzen Emaille-Boden. Und Danko dachte, er fährt als James Bond los und rettet diesen Gang.

Lisa: Und er zog sein Superman-Gewand an und flog los mit Luzie, mit dem Gedanken, dass er für uns diesen Abend retten muss. Und kam völlig frustriert zurück, den Topf über seinen Kopf haltend und mit einem Gesichtsausdruck kurz vor dem Weinen: „Dafür bin ich jetzt also losgefahren ..."
Tidof: Wir riefen also: „Halt, stopp, alles wieder zurück!" – dann kamen die paar Teller wieder. Topf genommen, Schalotten in die Sauce rein, neue Ladung raus und weg. Halt, denn Ciccio steht in der Ecke, nimmt jeden einzelnen Teller und wischt noch mal drüber, weil wir natürlich gekleckert haben.
Lisa: Es war alles schief gelaufen und trotzdem hat alles funktioniert, der Fisch hat allen super geschmeckt. Und es gab plötzlich eine Gruppendynamik in der Küche, so eine ganz eigene Energie, dass Dinge Hand in Hand funktionieren, das war toll. Richtig Gänsehaut.

„Jederzeit wieder!" Carlo Rider, Besitzer der Speisemeisterei, und seine Truppe sind begeistert von ihren Gästeköchen.

Tidof: Dann kam Gang Nummer fünf, das Reh in der Kräuterparmesankruste, halbe-halbe.
Lisa: Da hat sich ein Gast wirklich beschwert, er habe ein Stück zu wenig: „Der neben mir hat ein Stück mehr bekommen" – und das beim fünften Gang! Über das gesamte Menü kamen vielleicht sechs Teller zurück. Erstaunlich, denn alles, was wir gekocht haben, war irrsinnig üppig. Der Butterfisch ist fett, die Crème fraîche auf dem Flammkuchen ist megafett, die Mascarponesauce auf den Ravioli, dann die Beurre blanc auf dem Rochen – Beurre blanc ist superfett ...
Tidof: Weil wir es gern so essen, weil fette Sachen gut schmecken; und weil nicht fette einfach nicht schmecken. Um eine Sauce einzudicken, nehmen wir nie Mehl oder so was, sondern immer Butter, das schmeckt leicht und flockig. Aber für jeden Einzelnen bedeutet das 60 Gramm Butter.
Lisa: Ein Freund von uns hat den Rekord gebrochen und am nächsten Tag anderthalb Kilo mehr gewogen.
Also nach dem Fleischgang verließ Tidof die Küche und ließ sich feiern, während ich die Avocadocreme anrichtete.
Tidof: Was für ein beschi... Unterton, den ich da raushöre.
Lisa: Es ist tatsächlich ein Unterschied, ob du einen Viertelliter Schlagsahne schlägst oder sechs Liter. Du bist drei Stunden am Sahneschlagen, denn du kannst sie nicht in einem Pott rühren, sondern musst sie portiönchenweise mit den Küchengeräten schlagen, die einer gemeinen Hausfrau zur Verfügung stehen. Aber dafür kommst du morgens um elf ins Restaurant mit dem fast fertigen Dessert.
Tidof: Wir hatten übrigens um 19 Uhr angefangen und der sechste Gang kam um 23 Uhr. Das ist doch sensationell.

Lisa: Kein Vergleich mit Österreichs berühmtester Köchin, bei der der Hauptgang um 23.30 Uhr serviert wurde. Als ich dann endlich aus der Küche rauskam, torkelte und lallte ich, was zunächst nicht am Alkohol lag, sondern an meiner totalen Erschöpfung. Wir hatten ganz schön was weggeschafft.

Tidof: Zu den sechs Gängen hatten wir sieben verschiedene Alkoholika für unsere Gäste, sechs verschiedene Weine, Bellavista als Begrüßungscocktail.

Lisa: Ich hab dann von allen Tischen den Rosenmuskateller getrunken, den die Leute haben stehen lassen, weil die meisten Dessertweine nicht schätzen. Um korrekt zu sein, meine Freundin Eva hat alles ausgetrunken, was im linken Flügel des Lokals rumstand, ich das im rechten Flügel.

Tidof: Ich weiß gar nicht mehr, wann der Abend wirklich vorbei war – ziemlich spät, glaube ich, denn ich bin gleich zum Drehort gefahren. Aber eines weiß ich: dass wir beide mit unserem Abend rundherum glücklich waren.

Lisa: Mutprobe bestanden. Und heute noch strahlen wir, wenn zu uns jemand sagt, was alle damals geschrieben haben: „Ihr solltet eigentlich ein Lokal aufmachen."

Menü am 30. April 2002

Blumenkohl-Mousse mit
marinierten Krabben und Felchenkaviar

Kleine Suppen-Arie
Hummersüppchen - Spinatcremesüppchen
Pfifferlingsconsommé

Ostsee-Zander mit Birnen, Bohnen und Speck

Rhabarber-Sorbet mit Erdbeerkompott mit Champagnerschaum

Maibowle

2000er Küvee Zero Riesling Spätlese
Weingut Künstler und Weingut Wegeler
für die Dorint-Gruppe

1997er Vino Nobile de Montepulciano
Avignonesi

Jacobs Espresso

Rügen

Karsten Speck

Willkommen auf Rügen

Das Schönste für den Koch ist das Probieren

Dorint Strandhotel in Binz auf Rügen Hier der Glanz und die hochklassige Gastlichkeit des berühmten deutschen Seebades – und dort unkomplizierte Frische, Offenherzigkeit und sportliche Lebensfreude. Im Dorint Strandhotel Binz auf Rügen, direkt an der Promenade und dem kilometerlangen weißen Sandstrand, treffen sich diese beiden Welten. Das stilvoll komfortable Ambiente der 54 Suiten und neun Studios, jedes mit Terrasse, Balkon oder Loggia und in mediterranen Farben eingerichtet, lässt schnell den Alltag vergessen. Der Wellness-Bereich, die ausgefallenen Fitnessangebote, die Strand- und Funsportmöglichkeiten und die atemberaubende Natur Rügens tragen ihr Weiteres zum schnellen Entspannen bei – auch wenn es nur für ein Wochenende ist. Tagsüber ist Rügen von jeher ganz Naturparadies. Und wer sich gern zwischen Stränden, Klippen und Meer den Wind um die Nase wehen lässt, der wird wohl in Deutschland selten ein schöneres Fleckchen finden.
Verwöhnt werden die Gourmets unter den Gästen in den zwei Hotel-Restaurants: mit der gesunden und vitaminreichen Küche im „Il Panino", von Sushi bis zu Variationen aus dem Wok; und am Abend zelebriert der Küchenchef des „Olivio" mit seinem Team in der offenen Showküche mediterrane Kochkunst auf hohem Niveau – mit Fisch und Meeresfrüchten aus allen Weltmeeren.

„Cooking for Friends" – Kochen für Freunde. Welch ein Motto: endlich einmal für Freunde da sein, sie bekochen, einen Tag und einen wunderschönen Abend zusammen verbringen, sich in entspannter Atmosphäre Zeit für liebe Menschen nehmen ... Sollte man doch meinen, oder? Aber nicht, wenn meine Freundin Birgitt Wolff so etwas organisiert; da ist Bambule angesagt – und so kam alles ganz anders. Aber der Reihe nach:
Ich hatte als Hauptgang Fisch gewählt. Und dieser Fisch musste ja irgendwie zu mir gelangen. So begann der Tag wesentlich früher als gewöhnlich, denn Birgitt hatte sich in den Kopf gesetzt, dass die Köche – mein über alles geschätzter Johannes King (ohne seinen leuchtenden Stern wäre es in meiner Küche zappenduster geblieben) und ich – um vier Uhr früh das Licht des Tages erblicken sollten. Wir begaben uns schlaftrunken und vorgewarnt von unserem Fischer, einem Unikum, auf dessen Kutter. Die Vorwarnung war versteckt in einem Gemurmel von „Guten Morgen", „Würd nich rausfahren" und „Iss'n bisch'n viel Dünung" – bestand also aus einem Wort, das zu dieser Tageszeit für uns nicht wahrnehmbar war. Dies änderte sich schlagartig, als wir das Hafenbecken verließen. Das Wort mit „D" hat nicht mit herkömmlichen Wellen zu tun, die durch Wind hervorgerufen werden. Nein, man hat den Eindruck, das Schiff ist auf einer einzigen Kugel gelagert und bewegt sich in sich. In zehn wirklich harten Minuten versuchten wir, unser ohnehin spärliches Frühstück im Körper zu behalten. Als uns dies zu misslingen drohte, flehten wir, dunkelgrün im Gesicht, den gemütlich an seinem Zigarrenstummel schmauchenden Rüganer Fischer an, ohne Umschweife wieder heimatliche Gefilde anzusteuern. So blieb uns nichts anderes übrig: Wir mussten den Ostseezander käuflich erwerben. Um all die anderen Dinge, die wir fürs Menü benötigten, hatte sich Johannes dankeswerterweise schon vorher gekümmert.
Gegen Mittag begannen wir mit dem „Eijentlichen von's Janze". Die Aufgaben wurden je nach Einschätzung verteilt: Mir fielen alle grobmotorischen und Fleißaufgaben zu. Es begann damit, dass ich hauchdünne Speckscheiben in eine Salzlösung tunken und danach auf ein Blech legen musste. Diesen Vorgang an die 200-mal wiederholend, schob ich Blech für Blech in den vorgeheizten Ofen. Dass ich ein besonderes Faible für gerade diese ungesunde Leckerei habe, brauche ich bei meinem Nachnamen eigentlich nicht extra zu erwähnen. Aber für mich als Gerne-, Alles- und Vielesser geriet der Weg am Backofen vorbei allmählich zur Tortur. Schließlich konnte ich mich nicht mehr beherrschen und musste probieren. Der Speck war durch die Salzlösung und die Hitze knusprig geworden und schmeckte unglaublich lecker. Stück für Stück verschwand mit knackenden Geräuschen in meinem Mund ... Etwa nach dem zwanzigsten Happen

Im Dorint Strandhotel Binz auf Rügen geht Karsten Speck abends am liebsten essen.

CHERVO

CHERVO
EREIAUFSICHT
SAS-63

CHERVO

machte mich Johannes darauf aufmerksam, dass ich heute Koch und nicht Gast sei; erschrocken behob ich den Schaden durch erneutes Nachlegen. Ich bleibe aber dabei: Das Schönste für den Koch ist das Probieren.

Über die Sisyphus-Aufgaben des Blumenkohlmoussierens und des Einfüllens der Masse in vorher speziell mit einem Dremel (sprich: einer kleinen Schleifmaschine für den Handwerkerbedarf) geflexte und geteilte Eierschalen – eine passende Strafe für jemanden, der Mutter und Vater erschlagen hat –, näherte ich mich langsam der Zubereitung des Hauptgerichts. Vor mir lagen zirka 80 Zanderfilets. Johannes erzeugte einen nicht unerheblichen Leistungsdruck, indem er mir nicht nur an einem Fischstück den gesamten Panier-, Würz- und Bratvorgang zeigte, sondern zum wiederholten Mal betonte, wie wichtig es sei, auf gar keinen Fall den richtigen Zeitpunkt des Wendens zu verpassen und so sicherzustellen, dass die Haut die typisch goldbraune Farbe erhielt. Ihm gelang das vorzüglich. Ich hatte verstanden: Entweder ich bestand diese Feuerprobe oder ich war als Hobbykoch bei ihm durchgefallen. Nach und nach legte ich die gewürzten Fischfilets auf die heiße Platte. Als ich bei Nummer 40 angelangt war, bemerkte ich mit Schrecken, dass die ersten Stücke dem Wendevorgang überfällig entgegenbrutzelten. Ich kann mich nicht erinnern, je bei einer Theaterpremiere so sehr Blut und Wasser geschwitzt zu haben. In Windeseile zog ich eine „Zanderlinie“ mit dem Bratenwender und präsentierte Johannes am Ende überglücklich 80 wirklich gut gelungene vorgebratene Zanderfilets. Ein kurzes Lob vom Routinier, und schon ging's an meine Lieblingsbeschäftigung: Das Anrühren der vorbereiteten Suppenfonds gelang mir als ausgemachtem Saucen- und vor allem Suppenkaspar mühelos – natürlich nicht ohne ausführliches Abschmecken. Das gestattete mir Johannes diesmal ohne Kritik. Tja, ein guter Koch wird eben immer noch an den flüssigen Essensbeigaben gemessen – nicht nur von mir. Mein persönlicher Rekord bei Sorbet liegt bei ungefähr 40 Kugeln – kein Witz. Es bereitete mir ein unendliches Vergnügen, bei der Eisbereitung zuzuschauen – ein Feld, das ich diesmal wirklich Johannes überließ. Der glänzte mit einer sündhaft teuren Fräsmaschine. Zehntelmillimeterdünn schob sie Schicht für Schicht vom kostbaren Rhabarbereis in die Behälter. Und obwohl es mir schwer ankam, diesmal fiel das Probieren weg. Ich war schon fast satt und wollte wenigstens noch ein bisschen Platz für Birnen, Bohnen und (natürlich!) Speck lassen.

Bei der Begrüßung meiner Gäste direkt am Ostseestrand von Binz (wow, was für eine Location!) kam es noch ganz zufällig zur Erfindung eines neuen Gesellschaftsspiels: Aperitif- oder auch Maibowlen-Mikado. Sie kennen es nicht? Ist ganz einfach und garantiert der Eröffnungsbrüller auf Ihrer nächsten Party: Sternekoch steht neben Gastgeber und Ehefrau, jeder hält ein übervolles Tablett in der Hand. Schon lechzen die Ankommenden nach der erfrischenden Köstlichkeit. Da verliert der Koch das Gleichgewicht, stößt die Ehefrau (liebe Cora, eine glatte 6,0 für deine trotzdem noch tadellose Haltung) und den Gastgeber an ... Dem erstaunten Beobachter bot sich ein toller Anblick: Wie beim Domino Day für Gourmets knallte ein Sektglas ans andere und fiel zu Boden. Diese Spuren im Sand hätte Howard Carpendale nicht nur gestern, sondern noch tagelang gefunden. Unsere Klamotten sahen aus wie nach einem Monsunregen, aber zum Umziehen blieb keine Zeit. So baten wir unter allgemeinem Gelächter nass wie die Pudel zu Tisch.

Dass es den Gästen meines „Robbie“-Filmteams und vielen Freunden sehr gut mundete, bekam ich erst mit, als fast alles vorbei war. Meine Kochmütze, die am Morgen noch stolz und steif und weiß in die Höhe geragt war, war beim Austeilen des Essens zur Badekappe zusammengeschmolzen – ein Zustand, den mein Körper nachzuvollziehen drohte.

Lieber Johannes! Seit diesem Tage rede ich mit noch größerer Hochachtung über deinen Berufsstand. Und du machst deinem Namen wirklich alle Ehre: ein Königlicher, der in der Küche steht und dazu noch Johannes heißt. Beim nächsten Mal gibt's Kaiserschmarrn – versprochen?

Bei viel Dünung kann Kochen auch ein Abenteuer sein:
„Wer selbst nichts fängt, muss einen finden, der Fische hat.“

Johannes King: Immer auf Sternenreise Die Reise zu den Sternen ist eine weite und beschwerliche. Das gilt auch für die Meister der Kochkunst und den kulinarischen Himmel. Handwerkliche Perfektion und Sinn für das Genießerische, Jahre der vielfältigen Erfahrung und des Austausches gehören auf jeden Fall ins Reisegepäck. Dazu kommen Kreativität und Begeisterungsfähigkeit. Aber erst das feine Gespür für das Besondere, das man nicht erlernen kann, ebnet den Weg zu den Sternen.

Johannes King ist angekommen. Bei den Sternen. Als Gastgeber im Dorint Söl'ring Hof auf Sylt. Was unter seiner Regie dort in der offenen Küche entsteht, war dem Guide Michelin schon nach zwei Jahren Anlaufzeit einen Stern wert.

Für den sympathischen 39-Jährigen keine neue Erfahrung, vielmehr die Wiedergeburt als Spitzenkoch. Schon einmal nämlich hat Johannes King eine Sternenreise unternommen – nach Berlin. Als Chefkoch des „Grand Slam“, der Club-Gastronomie des Tennisclubs Rot-Weiß im Grunewald, erhielt er bereits 1997 seinen ersten Stern.

Die Karriere des gebürtigen Schwarzwälders beginnt im Ringhotel Johanniterbad in Rottweil. Es folgen kulinarische Visiten bei großen Namen in ganz Europa: Franz Keller in Köln, die „Kurkonditorei Oberlaa“ in Wien, Henri Lévy im Pariser „Maître“, das „Zum Hugenotten“ in Berlin, eine Saison in Burgund. 1988 kehrt er nach Berlin zurück, steigt im „Grand Slam“ ein und kocht sich in die Champions League.

1998 kommt er zu Dorint in der Position des Küchendirektors und als Gastgeber des Söl'ring Hof, dessen Bauphase er betreut.

Nach Fertigstellung des Söl'ring Hof ist Johannes King wieder auf Sternenreise – als Chef-Patron in seiner ganz persönlichen Art: freundlich, quirlig, begeisternd. Mit seiner ganz persönlichen Mischung aus liebevollem Perfektionismus, schwäbischer Bodenhaftung und Sinn für dekorative Präsentation. Und mit der Überzeugung, dass Gourmet-Küche nicht nur Innovation und Auszeichnung ist, sondern auch Spaß und Begeisterung. Als „Assistent“ von Karsten Speck bei „Cooking for Friends“ hat er das deutlich gezeigt:

„Am Anfang denkst du, da kommt ein Ahnungsloser, mit dem du jetzt zusammenarbeiten musst. Karsten und ich haben uns auf Anhieb verstanden, da es ja auch unser tägliches Brot ist, sich auf andere Menschen spontan einzustellen – er am Set und ich in meiner Küche, wenn ich meine neun Kochkurse jährlich im Söl'ring Hof gebe. Karsten wollte genauestens wissen, was wir machen, und brachte sich total ein. Ich merkte auf Anhieb, dass er gern isst und trinkt. Und Naschen zwischendurch muss sein, wir wollten ja wissen, was wir am Abend herausgeben. Dabei hätte es theoretisch passieren können, dass wir ohne Fisch in der Küche stehen.

Unser morgendliches Ergebnis beim Fischfang war nämlich ziemlich kläglich – sowieso ein Unternehmen, das ziemlich gewöhnungsbedürftig war für mich, der nie eine Schiffsschaukel oder ein Kettenkarussell besteigen würde. Das Rausfahren mit einem Schiffskutter um fünf Uhr morgens – von Karsten, der durch seine Serie „Robbie" offensichtlich jeden auf Rügen kennt, bestens vorbereitet – bei heftiger Windstärke, um für den Abend was in die Pfanne zu bekommen. Ich hatte ziemlich die Hosen voll und stellte mich ganze vorne hin, damit niemand sah, wie blaß ich um die Nase wurde. Gott sei Dank war die Fahrt ziemlich schnell zu Ende; unmöglich, auch nur die Netze auszulegen. Fazit der Geschichte: Wenn man schon selbst nichts fängt, muss man wenigstens einen finden, der Fische hat. Kochen kann auch ruhig mal ein Abenteuer sein. Guten Appetit!"

Küsse von Robbie sind ziemlich trocken ...

Willkommen zum Sternemenü
am Strand von Rügen!

... deshalb ist die Maibowle am Strand eine willkommene Erfrischung.

80 Gäste kann man nicht auch noch alleine bedienen: Das Team vom Dorint Strandhotel Binz unterstützt den Hobbykoch.

Blumenkohl-Mousse mit marinierten Krabben und Felchenkaviar

200 g Blumenkohl | 100 ml Milch | Salz | Pfeffer Muskat | 1 ½ Gelatineblätter | 150 g geschlagene Sahne | 1 Prise Cayennepfeffer | 100 g Nordseekrabben-Fleisch | Saft von ¼ Zitrone | 3 cl Traubenkernöl | Felchenkaviar

Blumenkohl mit Milch und Gewürzen (Salz, Pfeffer, Muskat) weich kochen. Anschließend pürieren. Die eingeweichte Gelatine dazugeben. Danach die Masse auf Eiswasser kalt rühren. Geschlagene Sahne mit einer Prise Cayennepfeffer unterheben. Die Krabben mit etwas Salz, Zitronensaft und Traubenkernöl marinieren.

Serviervorschlag: Krabben in kleine Gläser füllen. Darauf die Blumenkohl-Mousse geben. Mit Felchenkaviar garnieren.

Weinempfehlung:
Küwe Zero Riesling Spätlese 2000, Weingut Künstler und Weingut Wegeler – feinfruchtiger Riesling mit viel „Stoff“ – reich an Aromen – Zitrus, Mango, reife weiße Pfirsiche – sehr fein eingebundene Säure – lang anhaltender Abgang

Kleine Suppen-Arie

Das Hummersüppchen
1 Hummer (300–400 g) | 1 Schalotte | 1 kleine Fenchelknolle | 2 mittelgroße Champignons 2 EL Butter | 1 Thymianzweig | 6 Estragonblätter 4 cl trockener Noilly Prat | 150 ml Fischfond 200 g Sahne | Salz | Pfeffer

Das Spinatcremesüppchen
100 g Champignons | 2 Schalotten | 3 EL Butter ¼ l Geflügelfond | 125 g Sahne | 200 g Blattspinat Salz | Pfeffer | Muskat | Zitronensaft | 1 Knoblauchzehe

Die Pfifferlingsconsommé
250 g Rinderbeinfleisch | 1 mittelgroße Möhre 100 g Knollensellerie | 2 Schalotten | 150 g Pfifferlinge | 3 Eiweiße | 300 ml kaltes Wasser 200 g Eiswürfel | Salz | Pfeffer | 1 EL Butter | 1 EL gehackte glatte Petersilie

Für das Hummersüppchen den Hummer in reichlich kochendem Wasser töten und 5 Minuten bei schwacher Hitze ziehen lassen. Kalt abspülen und das Fleisch aus der Schale brechen. Hummerschale zerhacken. Schalotte schälen und fein würfeln, Fenchel putzen, waschen und würfeln, Pilze putzen und in dünne Scheiben schneiden.
Butter in einem großen Topf erhitzen und die Hummerschalen kurz anrösten. Schalotten, Kräuter, Fenchel und Pilze dazugeben und unter Rühren andünsten. Noilly-Prat, Fischfond und Sahne dazugießen und bei kleiner Hitze ca. 10 Minuten köcheln lassen. Mit Salz und Pfeffer würzen. Suppe durch ein feines Haarsieb gießen. Hummerfleisch in Stücke schneiden und in die Suppe geben.

Für das Spinatcremesüppchen Champignons putzen und würfeln. Schalotten schälen und fein würfeln. Butter erhitzen und Schalotten darin leicht braun andünsten. Geflügelfond und Sahne dazugießen und alles 5 Minuten bei kleiner Hitze kochen lassen.
Den Spinat vom Stiel befreien, waschen und in die Suppe geben, aufkochen und mit dem Schneidestab des Handrührers fein pürieren. Die Suppe durch ein feines Sieb streichen und mit Salz, Pfeffer, Muskat und einem Spritzer Zitronensaft abschmecken. Die Knoblauchzehe schälen, auf eine Gabel spießen, für 5 Minuten in die Suppe geben und wieder herausnehmen.

Für die Pfifferlingsconsommé das Beinfleisch durch die große Scheibe des Fleischwolfs drehen (oder beim Metzger durchdrehen lassen). Möhre und Sellerie putzen, Schalotten schälen und klein würfeln. Pfifferlinge putzen und 100 Gramm davon klein schneiden.
Eiweiß leicht verschlagen. Wasser, Beinfleisch, Gemüse, Schalotten, klein geschnittene Pfifferlinge, Eiweiß und die Eiswürfel mischen und langsam aufkochen.
Vorsichtig und langsam mit einem Pfannenwender umrühren und die Mischung vom Topfboden lösen. Etwa 40 Minuten ziehen lassen. Den

Fleischkuchen mit einer Schaumkelle abheben und abtropfen lassen. Consommé durch ein feines Haarsieb oder Tuch gießen und mit Salz und Pfeffer würzen. Die restlichen Pfifferlinge in der Butter anbraten, mit Salz und Pfeffer abschmecken und in die Consommé geben. Mit Petersilie bestreuen.

Serviervorschlag: Die verschiedenen Suppen in kleine Mokkatässchen geben und gleichzeitig servieren.

Variationsvorschlag: Wenn Sie die Menge der Zutaten verdoppeln, reicht auch jede einzelne Suppe als Vorspeise.

Ostsee-Zander auf Birnen, Bohnen und Speck

150 g Schnibbelbohnen | 150 g Kartoffeln
150 g Birnen (Gute Luise) | 3 EL Butter | 100 g Bauchspeck durchwachsen, ausgelassen | Salz
Pfeffer | 1 Prise Zucker | fein gehackter Thymian
4 Zanderfilets à 150 g | 1 Prise Mehl

Schnibbelbohnen in 1 cm breite Stücke schneiden und kurz blanchieren. Kartoffeln schälen, in Würfel schneiden und ebenfalls blanchieren. Birnen schälen und wie Kartoffeln würfeln. Die Birnen mit etwas Butter andünsten. Bohnen und Kartoffeln dazugeben und gleichmäßig garen. Jetzt erst den ausgelassenen Speck dazugeben und alles mit Salz, Pfeffer, Zucker und Thymian würzen.
Die Zanderfilets auf der Hautseite ganz leicht mit Mehl bestäuben und kross braten, mit Salz und Pfeffer leicht würzen.

Serviervorschlag: Das Birnen-, Bohnen- und Speckragout auf die Tellermitte geben und das Zanderfilet drauflegen. Dazu gibt man braune Butter oder eine leichte Fischcreme-Sauce mit Noilly-Prat und Thymian.

Weinempfehlung:
Vino Nobile de Montepulciano 1997, Avignonesi – Spitzenjahrgang 1997 – sehr dichte Beerennase – ausgewogene Tannine und Gerbstoffe – rund – füllig – kräftig in der Nase – Cassis, Brombeeren, Feige – wunderbarer Essensbegleiter

Rhabarber-Sorbet auf Erdbeerkompott mit Champagnerschaum

70 g brauner Rohrzucker | 300 g geschälter Rhabarber | 100 ml trockener Weißwein | 1 Vanillestange | 100 ml Champagner | 200 g Erdbeeren | 1 EL Aprikosenmarmelade | Zitronenmelisse | 3 Eigelbe | 1 EL weißer Zucker | 2 cl Marc de Champagne | 2 El Crème fraîche

Rohrzucker karamellisieren, Rhabarber dazugeben, mit Weißwein ablöschen. Danach die Vanillestange hinzugeben und im zugedeckten Topf weich garen. Mit 50 ml Champagner aufgießen und ganz fein pürieren. Sofort in der Eismaschine gefrieren lassen.

Für das Erdbeerkompott die Erdbeeren vierten und leicht zuckern. Mit der Marmelade kurz aufkochen lassen. Wenn das Kompott kalt ist, mit fein geschnittener Zitronenmelisse bestreuen.

Eigelbe und Zucker heiß aufschlagen. Übrigen Champagner langsam dazugeben und kräftig weiterrühren, sodass der Schaum eine feste Konsistenz erhält. Danach Marc de Champagne und Crème fraîche unterrühren.

Feiern im Zelt
am Strand von Rügen,
bis die Sonne aufgeht ...

Die Kollegen Ellen Schwiers
und Gerhard Olschewski sind
begeistert von diesem ungewöhn-
lichen Catering am Filmset.

„Wer glaubt, dass Fisch mit Speck nicht schmeckt, der hat mich nicht als Koch entdeckt", schreibt Karsten in seine persönliche Einladung an die Crew. Die Kollegen Karina Kraushaar und Robbie sind überzeugt von Karsten und seinem Sternekoch Johannes King.

Ausgelassen feiern Karina Kraushaar, Marion Kracht und Ellen Schwiers (von links) Karstens „Schnapsklappe" – einen schönen Brauch in der Filmbranche: Bei jeder Filmproduktion muss der Hauptdarsteller die gesamte Crew einmal einladen.

Dorint Söl'ring Hof in Rantum auf Sylt Am Ortseingang von Rantum, direkt auf dem Dünenkamm, liegt nicht einfach nur ein exklusives Hotel, sondern eine der schönsten Möglichkeiten, das Phänomen Sylt zu erleben. Persönlich, unverfälscht.

Dazu gehört schon die Anreise. Wer nicht mit dem eigenen Wagen auf die Insel kommt, wird am Bahnhof in Westerland von Gastgeber und Chefkoch Johannes King höchstpersönlich im hauseigenen Sixties-Rolls-Royce abgeholt. Nach kurzer Fahrt rollt er langsam zwischen inseltypischen Steinwällen die Auffahrt hinauf, bis vor ein großes Haus unter Reet. Herzlich willkommen.

Wohnen im Söl'ring Hof ist Abstand vom Alltag, Wohnen in der Düne, Wohnen am Meer. Ganz und gar Sylt. 15 unterschiedlich geschnittene Zimmer und Suiten stehen zur Verfügung, eingerichtet zwischen moderner Behaglichkeit und Bang & Olufsen-Coolness. Offener Kamin im Zimmer ist optional, das verhaltene Brausen des Windes und der See immer inklusive. Denn sie sind ganz nah: Nur ein paar Schritte über die Düne, praktisch im Hinterhof des Hotels, beginnen der Strand und das Meer. Einzigartig auf Sylt.

Einzigartig auch das Gefühl auf der großen Sonnenterrasse des Söl'ring Hof. Inmitten von Dünengras und Nordseeweite servieren Johannes King und sein Team hier einen Aperitif, Kaffee und Kuchen, oder auch ein fünfgängiges „Meeresmenü".

Sollte die Brise zu kräftig sein, bietet die Bibliothek einen stilvollen Rückzugs- oder Treffpunkt für eine gute Zigarre und ein Glas Port. Und auch für den ausgedehnten Strandspaziergang gibt es bei Sturm und Regen hochwertigen Ersatz: einen luxuriösen Wellness-Bereich mit Sauna und mehr.

Wohnen in der Düne:
Im Dorint Söl'ring Hof auf Sylt
empfängt Sternekoch
Johannes King seine Gäste.

Premieren Menü

Marillen-Karotten
Suppe

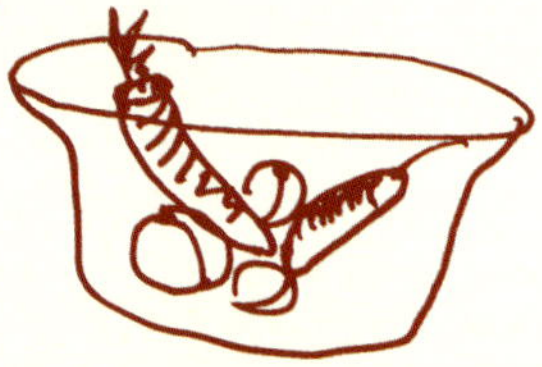

Marinierter Bodenseehecht
auf
Ruccola & Kräuterpolenta

Knusprig gebratene
Bauernente
auf
Ingwer-Rotkraut
&
Schupfnudeln

Topfenknödel
mit
Zwetschkenröster
&
Butterbrösele

Champagner
Veuve Cliquot

Grüner Veltliner
Langelois
2001 Allerheiligenstiftung
Schloß Gobelsburg

2000 Carnuntum Cuvée
Weingut Taferner

Bregenz

Alexandra Kamp
Suzanne von Borsody
Axel Milberg
Michael Mendl

Guess who is coming for dinner tonight ...

Günter Rhomberg,
Präsident der Bregenzer Festspiele

Kochen ist Kultur

Was wäre ein Leben ohne Freunde oder zumindest freundschaftliche Verbindungen zu anderen Menschen? Freundschaft kann niemals eine Einbahnstraße sein; es sind mindestens zwei Personen oder Institutionen gefordert, etwas füreinander zu tun – und zwar immer wieder und langfristig.
Dabei geht es vor allem um immaterielle Werte, denn diese bringen bei einem Freundschaftsdienst die ganz spezifische persönliche Bemühung zum Ausdruck. Es gibt eine Anzahl kleinerer oder größerer möglicher Freundschaftsdienste oder Freundschaftsbegegnungen. Vertrauliche Gesprächsbereitschaft in schwierigen Lebenssituationen und Nachbarschaftshilfe gehören ebenso dazu wie das loyale öffentliche Einsetzen für einen Freund in einer für ihn/sie heiklen Angelegenheit.
Man kann aber auch einfach Freunde einladen, um für sie zu kochen – und damit zur Kultur eines gemeinsamen Lebens beitragen. „Cooking for Friends" hat in zwei Jahren bei unterschiedlichsten Anlässen, an ungewöhnlichen Orten dieser Welt stattgefunden; so auch in Bregenz, im Sommer 2002, anlässlich der jährlichen Festspiele.
Kulturveranstaltungen sind in gewisser Hinsicht immer auch Zusammenkünfte von Freunden einer bestimmten Kunstrichtung oder eines Ortes, zum Beispiel eines Musiktheaters unter freiem Himmel an den Gestaden des Bodensees.
Theater war ja in seinen historischen Anfängen primär eine kultische Zusammenkunft Gleichgesinnter mit spirituellem Hintergrund. Das gemeinsame Mahl wiederum brachte tiefe familiäre oder freundschaftliche Verbundenheit zum Ausdruck. Daher lag die Idee nahe, das spektakuläre Pariser Straßencafé der „La Bohème", das in den Jahren 2001 und 2002 als Großskulptur und Bühne in den Bodensee gebaut wurde, als Ziel für ein Freundschaftstreffen auszuwählen, um dort ein „Cooking for Friends" zu veranstalten. Am 19. Juli kochten und bewirteten Suzanne von Borsody, Alexandra Kamp, Michael Mendl und Axel Milberg 80 Freunde, Verwandte und Gäste. Begleitet – wie könnte es bei einem Zusammentreffen bekannter Film- und Bühnenkünstler anders sein – wurden sie von mehreren Fernseh- und Printjournalisten. Der besondere Ort und die freundschaftliche Gruppierung außergewöhnlicher Menschen schufen eine Symbiose von Kunst, Kultur und Unterhaltung, sodass man durchaus von einer „Kulturveranstaltung" sprechen kann.

Die „La Bohème"-Inszenierung
auf der Bregenzer Seebühne.

Bon Appétit !
Le Monde

Rat' mal, wer zum Dinner kommt! In der Bistrokulisse der „La Bohème“ sollte ihr „Davidoff Cooking for Friends“ stattfinden, doch der strömende Regen ließ nur den Aperitif mit Veuve Clicquot Champagner unter Regenschirmen zu (von links im Uhrzeigersinn): Steffen Wink und Mark Keller, Sigi und Karin Rauch sowie Hobbykoch Axel Milberg mit Freundin Judith Betzler.

Der Regen kann ihre gute Laune nicht verderben (vorne von links): Axel Milberg, Alexandra Kamp, Heino Ferch, (dahinter von links) Heino Huber, Jens Schniedenharn, Suzanne von Borsody, Michael Mendl, Pierre Franckh und Michaela Merten.

... und die Premiere der „La Bohème" am nächsten Tag findet im schönsten Sonnenschein statt – wahrscheinlich, weil alle den Teller leer gegessen hatten (von links): Heino Ferch, Alexandra Kamp und Steffen Wink.

Alexandra Kamp

Kochen ist meine größte Leidenschaft

Kochen ist eine meiner größten Leidenschaften. Das mag daran liegen, dass sowohl meine Mutter als auch mein Vater begnadete Künstler in der Küche sind, oder auch daran, dass mein Kinderzimmer sich früher direkt neben der Küche befand.
Mit zu Hause verbinde ich auch immer den Duft der Weihnachtsgans und das damit zusammenhängende faszinierende „In-die-Röhre-Gucken" – sozusagen mein weihnachtliches „TV-"Programm ...
Und am schönsten war das „Resteessen" am nächsten Tag: das Abknabbern des Gänsegerippes und die gebratenen, in Scheiben geschnittenen Klöße ...
Ich war schon immer eine sehr gute Esserin und überrasche auch heute noch besonders gern die Leute, die meinen, ich würde wie ein Vögelchen essen, um meine Figur zu halten. Hihi.
Ich muss wohl so ungefähr vier oder fünf Jahre alt gewesen sein, als ich eines Tages die, wie ich meinte, brillante Idee hatte, meinen Eltern kochtechnisch nachzueifern. Ein leckeres selbst gemachtes Süppchen, dachte ich, würde meine Puppen und Stofftiere sicherlich beglücken.

Achtung, Gisela Sökeland (Thomas Cook Reisen) und Carolin Fink:
Jetzt kommt Alexandras scharfe Karotten-Marillen-Suppe!

Die Ingredenzien möchte ich jetzt und hier jedem ersparen – nur so viel: Ich wusste, dass es eine ganz bestimmte Zutat gab, die meine Suppe genauso schaumig werden ließe wie die von Frau Mama: Ich griff zum Spülmittel! Als ich das Meisterwerk dann auch noch probierte, war dies das Ende des Nachmittags.

So viel zu meinen ersten Kochkünsten.

Jahre später sollte New York mich davor bewahren, in die Abgründe kulinarischer Vergessenheit zu stürzen. Ich hatte die Chance, eine Zeit lang einem der größten Köche New Yorks über die Schulter gucken zu dürfen – Mister David Bouley persönlich. Seit Jahren belegen seine Restaurants „Danube" und „Bouley's Bakery" regelmäßig den 1. Platz im größten Restaurantführer „Zagat".

Mit 19 ging ich für zwei Jahre nach New York und besuchte dort die Schauspielschule. Um sie finanzieren zu können, arbeitete ich unter anderem als Hostess in Davids französischem Restaurant. Am Anfang war ich für das klassische „Please wait to be seated" zuständig, stieg aber dank meiner Sprachkenntnisse innerhalb kürzester Zeit zur Maître d'Hôtel auf. David gehört noch heute zu meinen engsten Freunden. Er verköstigte übrigens gerade 4000 Menschen bei den „Music Grammy Awards".

Mittlerweile ist Kochen zu meinem liebsten Entspannungsprogramm geworden. Auch nach dem anstrengendsten Dreh gehe ich nicht gern ins Restaurant, sondern stelle mich lieber an den Herd – mit einem guten Glas Rotwein (südafrikanischem oder australischem Shiraz mit Vorliebe) – und koche. Mindestens zwei Personen sollten es aber schon sein. Für mich alleine koche ich nicht gern; da reicht auch ein Leberwurstbrot.

Kochen nach Drehschluss habe ich besonders in Australien genossen – bei meinem dreimonatigen Dreh mit Hardy Krüger Jr. für Barbara Woods „Traumzeit" (ZDF). Hardy und ich wohnten beide in Appartements mit Küche und bekochten abwechselnd jeden Abend die Hälfte unseres Teams. An den Wochenenden hatten wir meistens drehfrei und so verbrachten wir samstags bis zu zweieinhalb Stun-

Die Suppe ist gelungen: tolle Teamarbeit in der Küche des Deuring Schlössle!

den im Supermarkt. Wir konnten uns an der riesigen Auswahl an frischem Gemüse, Meeresfrüchten und Obst gar nicht satt sehen – und gar nicht genug kaufen ...

In diesem Land gibt es nichts, was es nicht gibt. Australien gehört ja zu den größten Selbstversorgerländern: Zu jeder Jahreszeit ist alles erhältlich. Wässerige Tomaten und knochenharte, geschmacksneutrale Mangos kennt man dagegen nicht.

Ein etwas anderes, aber nicht minder schönes kulinarisches Erlebnis waren die Bregenzer Festspiele und das Kochen mit drei lieben Kollegen: Suzanne von Borsody, Axel Milberg und Michael Mendl.

Schon die Vorbereitungen in Suzannes Berliner Zuhause brachten sehr viel Spaß. Nachdem Suzanne, wie das nun mal ihre Art ist, im Handumdrehen einen köstlichen Spargel mit einer Petersilien-Béchamel-Sauce gezaubert hatte, machten wir uns mit einem Glas Weißwein auf der Terrasse Gedanken über unser Fotomotiv für die Einladung.

Warum keine Zirkusnummer, dachten wir. Schließlich waren wir alle Künstler und es ging ja um die Oper „La Bohème“. Für die Dekoration unseres nachgebauten Bühnenbildes im Garten legten wir Betttücher auf den Rasen, stellten im Hintergrund einen echten handgemalten „Borsody“ auf und eine weiße Leinwand, in die wir dann später das Originalbild der Bregenzer Seebühne hineinkopierten. In Küchenschürzen und Hauben versuchten wir uns dann im Jonglieren von Tellern à la „Chinesischer Staatszirkus“. Ich muss wohl nicht erläutern, warum auf der Einladung letztendlich mehr Scherben als Teller zu sehen waren ...

Da hatten wir im Kochen schon mehr Übung. Trotzdem hätte es ohne Hilfe von Haubenkoch Heino Huber nicht ganz ausgereicht bei diesen Mengen: 88 Personen! Immerhin kannten sich die vier Schauspieler, die im Bregenzer Deuring Schlössle zusammenkamen, nur vom Sehen und sollten nun gemeinsam ein harmonisches Dinner entwerfen und kochen. Es heißt ja nicht umsonst: Viele Köche verderben den Brei. Auf uns traf das aber erstaunlicherweise gar nicht zu. Jeder hatte seinen Kompetenzbereich, ließ sich aber auch über die Schulter gucken und wenn einer merkte, dass die anderen unter Zeitdruck gerieten, setzte er sich auch mal hin und schnippelte für die Kollegen Zwiebeln oder schälte Karotten. Wirklich klasse Teamarbeit! Ich werde diesen Abend in lieber Erinnerung behalten.

Was „Cooking for Friends“ für mich bedeutet? Ganz simpel: Cooking with friends for friends!

Romantischer kann die Kulisse für Kochkurs und Dessert nicht sein: das bezaubernde Deuring Schlössle in der Altstadt von Bregenz.

Das Deuring Schlössle in Bregenz Es gab Zeiten, da hätte man einen überraschenden Besuch im Deuring Schlössle noch mit dem Leben bezahlt. Heute ist aus der einstmals wehrhaften Burg über dem Bodensee ein zauberhaftes kleines Schloss-Hotel geworden, das seine Gäste fürstlich verwöhnt. Das Deuring Schlössle in der romantischen Bregenzer Altstadt ist der perfekte Rahmen für kultivierte Gastlichkeit und außergewöhnliche Küchenkultur. Erbaut wurde es aus einem alten Wehr des 15. Jahrhunderts, und noch heute trifft der Gast auf historische, pflanzenumrankte Mauern und begegnet in jedem Detail bewusst gepflegter Geschichte und Tradition. Die neun geschmackvoll gestalteten Gästezimmer und die vier großzügigen Suiten versetzen ihn mit wertvollen Antiquitäten in längst vergangene Zeiten.

Die Speisezimmer erinnern noch an die früheren Herren vom Deuring Schlössle. Im Turmzimmer wird elegant getafelt, das Gobelinzimmer ist den Nichtrauchern vorbehalten, das Täferzimmer eignet sich auch für ein Essen im kleinen Kreis und der Rittersaal mit seinem beeindruckenden Kamin ist ideal für Hochzeiten oder Tagungen mit Atmosphäre.

So exklusiv das Flair des Hotels, so überzeugend ist die Kochkunst des Schlossherrn. Heino Huber zählt zu den besten Köchen Österreichs und hat es mit seiner eigenständigen Linie geschafft, das einzige Relais & Chateaux- und Relais Gourmand-Hotel Österreichs zu repräsentieren. Die Zutaten des Drei-Hauben-Kochs sind seine Liebe zur Küche und Produkte von höchster Qualität. Einen passenden Begleiter aus Frankreich, Italien und Österreich empfiehlt Ehefrau Bernadette Huber, die Herrin über den üppigen Weinkeller.

Gelegenheiten, sich verwöhnen zu lassen, gibt es viele: ein Gourmet- und Kuschelwochenende, einen Kochkurs mit Heino Huber oder einen Besuch bei den Bregenzer Festspielen.

Suzanne von Borsody

Ich diene gern

Heino Huber: Der Dirigent in der Küche Bei ihm muss man nur die Anzahl der Gänge sagen, die Augen schließen, sich das Beste vorstellen, was eine Gourmetküche zu bieten hat, und spätestens für den ersten Gang aus dem Dornröschenschlaf erwachen – dann steht der Drei-Hauben-Prinz höchstwahrscheinlich selbst vor einem. Da seine Philosophie „weniger ist mehr" heißt, wird Heino Huber kaum etwas über seine bis ins kleinste Detail durchdachten Menüs erzählen. Man muss sie selbst erforschen und genießen. Unbenommen bleibt jedem, im Anschluss bei dem österreichischen Koch des Jahres 1998 einen Kochkurs zu buchen.
Der geborene Bregenzer, der sich die Ausdauer und Energie, die er zur Auswahl der richtigen Materialien braucht, auf seinen ausgiebigen Rennradtouren holt, ist bekannt für seine klare und puristische Küche: „Gerade beim Einfachen ist es schwer, es perfekt rüberzubringen, weil du vom Grundprodukt bis zur Zubereitung bei jedem Detail genau hinschauen musst. Entscheidend ist das beste Ausgangsmaterial. Der Hecht für ‚Cooking for Friends' kam natürlich von meinen Freunden, den Bodenseefischern. Die wissen, dass sie alles, was sie an Edelfischen fangen – die mittlerweile sehr rar gewor-

>>

Ich lade gern zum Kochen ein. Aber selbst eine Grillparty ufert bei mir in vier bis fünf Gänge aus und wenn 20 Gäste da sind, wundere ich mich immer, dass am Schluss immer noch für 20 Leute Essen übrig ist. Ich koche einfach immer zu viel, ich koche dann für 40 – also 20 Satespieße und 20-mal Fischterrine. Dann gibt's aber noch einen Pfifferlingsauflauf und für den einen oder anderen muss es natürlich ein Steak sein. Es ist von allem zu viel da und zu fortgeschrittener Stunde des lukullischen Genusses probiere ich außerdem gern was Neues aus – beispielsweise eine Tarte mit Äpfeln oder Birnen mit Aprikosenmarmelade auf Blätterteig.
Meinen Liebsten Jens macht das manchmal närrisch. Für mich ist Kochen Entspannung, aber er wird dann gescheucht, weil mir ständig was anderes einfällt: „Wir brauchen noch einen Biertisch, wir brauchen noch dies und das, geh doch noch mal, hol doch noch mal, man könnte ja ... Jetzt ist gerade Frühjahr, der Schnee weg, was wäre mit Brennnesselsuppe? Komm lass uns Brennnesseln holen – aber nicht da, wo die Hunde hinpinkeln, sondern die ganz jungen Triebe." Es sagt immer: „Mein Gott, was machst du dir für 'ne Arbeit." Ich verbringe natürlich den Abend in der Küche. Das finde ich völlig in Ordnung; ich diene gern und freue mich, wenn es allen schmeckt.
Das machte mich in den Augen meiner Freunde zur idealen Gastgeberin beim „Cooking for Friends". Die Überlegung war, mein Hobby in einen größeren Rahmen zu verlegen – nicht nur mit den Freunden, die ich in meinen beiden Wohnsitzen Berlin und München zum Essen einlade, sondern auch mit alten Bekannten, den üblichen Verdächtigen, und vielen anderen, die neu dazukommen würden.
Und das zur Premiere der Bregenzer Festspiele. Aber was kocht man am Bodensee? Fisch. Und was für einen Fisch?
Ein paar Monate zuvor, an einem sonnigen Tag im Deuring Schlössle, fand die erste Begegnung mit dem Inhaber und Wirt Heino Huber statt. Grashüpferaugen: ein Koch, der wunderbar kocht, der einen verwöhnt, der schnell ist. An seiner Seite eine dunkelhaarige, sehr zuvorkommende, leicht schüchterne, wunderbare Amelie, mit Namen Bernadette.
Wir saßen im Weinkeller, ganz hinten, in einem Gewölbe. Es zog, es war kalt, aber schön – mit Kerzenleuchtern und vielen Weinen, die man gar nicht alle austrinken kann, aber gern mal aufmachen und probieren möchte ... Und ich dachte, hier zieht' s wie Hechtsuppe – Hecht? Trau ich mich nicht, oder doch? Hecht, Bodenseehecht – wieso eigentlich nicht?
Als Kind habe ich nur Krokodile gegessen oder Haifische, was anderes habe ich nicht zu mir genommen. Meine Großmutter hat es verstanden, meine Mutter auch. Meine

Mutter hat Geld verdient und meine Großmutter hat auf mich aufgepasst und nach der Schule immer gekocht. Sie dachte, das Kind muss Fleisch essen. Aber das Kind hat sich geweigert, Kühe, Schafe und Babykühe, überhaupt liebe Tiere, zu essen. Also kamen Krokodile und Haifische auf den Tisch – was dann meist doch Rindfleisch war, zur Unkenntlichkeit zerschmort, gehackt, mit Reis oder Kartoffeln. Aber Hecht gehört ja auch zu den bösen Tieren, wenn man ihn so anguckt. Der Räuber des Sees, groß, gefährliches Maul. Das war was, wo ich mich drauf einlassen konnte, mit diesem Grashüpferauge an meiner Seite. Der sagte, Hecht zieht eigentlich nur, wenn man ihn nicht richtig häutet, und man müsse ihm um die Flossen herum die Haut abschneiden, dann den Kopf und dann wird er zur Hälfte auseinandergeschnitten. Also ran an den Hecht.

Mit dem Filetieren hab ich mich gar nicht so schwer getan wie ich dachte. Es ist sogar die ganze Haut abgegangen und nicht zu viel Fleisch am Messer geblieben. Das Grashüpferauge hat übrigens auch Hände, die scheinbar wärmeunempfindlich sind. Der greift in den Hechtsud mit bloßen Händen, hebt ihn mal kurz raus, sagt, „na der muss noch ein bisschen"; und dann holt er ihn raus, wenn er gerade angegart ist: „Jetzt kann man ihn auseinander brechen und die Gräten, die drin sind, rausziehen." Ich habe zu

>>

den sind – ohne anzufragen sofort liefern können." Seine Gäste vertrauen ihm, denn er kocht immer das Beste, was seine Küche gerade zu bieten hat.

Das Talent kommt eindeutig von Vater Ernst Huber, der 1993 das Deuring Schlössle an Sohn Heino und dessen Frau Bernadette übergab. Das ehemalige Model hat in der Zwischenzeit aus dem Hobby, der Vorliebe für Weine, einen Beruf gemacht und präsentiert täglich das Beste, was der Schlosskeller zu bieten hat.

1996 schaffte das Deuring Schlössle auf Anhieb den Sprung in den Gault Millau – und das gleich mit drei Hauben und 17 Punkten für „absolut kulinarische Höhepunkte". Der Weg war das Ziel – und so verbrachte Heino Huber seine Lehr- und Wanderjahre unter anderem 1983 bei Eckart Witzigmann in München, 1984 in der „Harry's Bar" in Venedig, 1985 zunächst bei „Faugeron" und später bei „Taillevent" in Paris, und nicht zuletzt beim Vater im „Gasthaus Zoll".

Seine Spontaneität und Flexibilität haben ihn gleich für „Cooking for Friends" eingenommen: „Eine schöne Idee, den kommunikativen Charakter von Essen und Kochen herauszuarbeiten. Vier Schauspieler, die kein wirkliches Küchenteam sind, aber gern kochen, finden aus verschiedenen Richtungen zusammen und bekochen ihre Freunde. Jeder hat seine eigene Vorstellung mitgebracht, alle haben sich willig und aufnahmebereit Dinge erklären lassen und niemand hat sich in den Vordergrund gespielt. Ich war eigentlich nur der Dirigent, der alle vier auf die Schiene gebracht hat. Diese vier haben sicherlich keinen Brei verdorben – im Gegenteil, es hat super funktioniert und allen viel Spaß gemacht."

Rotkohl zerkleinern, Kräuter hacken – gegenseitiges Helfen ist bei Suzanne von Borsody immer angesagt.

Hause schon viel Fisch gemacht, aber dieser Hecht, auf Polenta serviert, war wirklich ein Gedicht. Dass man das Suppengemüse grob schneidet und nicht so akkurat wie ich, die alles ganz korrekt in gleiche Teile schneiden wollte, während alle um mich rum im Akkord schnitzelten, musste ich auch lernen. Denn das Grashüpferauge sagte, „mach's dir nicht so umständlich, grobe Teile, bisschen Fenchel dazu, Koriander" – ein klasse Tipp, denn der Hecht nimmt das alles an und zieht überhaupt keine Fäden.
Ich also den Hecht vorgeschlagen, aber wie sehen die Menüvorschläge meiner Kollegen Axel, Alexandra und Michael dazu aus? Axel Milberg, mit dem ich befreundet bin und der ein wunderbarer Kollege ist, sagte, er würde gern eine Ente machen, eine knusprige Bauernente. Er kocht zu Hause auch regelmäßig und leidenschaftlich und meinte, dann brauchen wir aber eine große Küche. Die hatten wir im Deuring Schlössle ...
Und es ging wunderbar. Man hat sich gegenseitig bei den grobmotorischen Arbeiten geholfen, wie etwa den Rotkohl zerkleinern, Kräuter und Peperoni hacken – ohne sich nachher ins Gesicht zu greifen! Auf der anderen Seite war es wirklich komisch. Axel und Michael Mendl, der die tollen Topfenknödel zum Dessert fabrizierte, waren auf einmal als zwei Ärzte unterwegs. Sie standen da, untersuchten die Enten, nahmen sie aus, griffen in den Popo, um zu erkunden, ob noch irgendwas drin ist, was nicht hineingehört – die Jugend forschte. Wir sind alle Kinder in einem unbestimmbaren Alter, aber die waren gerade mal sieben. Und ich dachte, ach, jetzt steh ich wieder im Biologieunterricht; die Buben forschen und uns Mädels ist das alles etwas ekelhaft.
Die ersten Enten haben wir also gemeinsam seziert. Aber ohne die anderen fleißigen Hilfsköche, die wahre Künstler mit dem Küchenmesser sind, hätten wir das bei 80 bis 100 Personen gar nicht geschafft. Eigentlich waren wir ja die Hilfsköche. So gut können wir mit dem Messer gar nicht sein. Obwohl es ein großer Ansporn ist, es ihnen gleich zu tun. Gott sei Dank sind keine Finger draufgegangen, auch keine Fingernägel. Axel hat sich nur leicht verletzt, was aber eher mit seiner Forschungsarbeit zu tun hatte.

Alexandra Kamp, mit der ich schon sehr viel Spaß hatte, als wir in meinem Berliner Garten das Foto für die Einladungskarte zum „Cooking for Friends" gestellt haben – weißes Bettlaken, zerbrochene Teller, rot bemalt durch meinen Griff in den Farbtopf, zwischen den Tellern und den Staffeleien und Bildern den ein oder anderen Teller jonglierend – hat eines ihrer Lieblingsgerichte gezaubert: eine Marillen-Karotten-Suppe. Scharf, superlecker.
Wir haben alle wohl noch etwas dazugelernt; und belohnt wurden wir nachher natürlich auch dadurch, dass die Freunde, die gekommen waren, lauthals vor sich hin brummend, begeistert Zustimmung abgebend und genießend dasaßen. Und dass von Tisch zu Tisch, egal welcher Gang gerade kam, ein genüssliches Knurren und Schnurren zu hören war.
Einziger Wehmutstropfen: Man hatte sich so schön zurechtgemacht, um das alles zu präsentieren, und dann regnete es in Strömen auf das Bistro-Bühnenbild der „La Bohème", in dem wir eigentlich – monatelang geplant – unser Dinner servieren wollten. Die gute Frisur war natürlich auch dahin, aber man war ja nicht als Schauspielerin oder als Model unterwegs, sondern als Köchin, und das hat sich gelohnt. Denn am Schluss leuchteten meine Augen genauso grashüpfergrün wie die von Heino Huber.

Der Liebste, Juwelier Jens Schniedenharn, bekommt den ersten Bodenseehecht auf Kräuterpolenta serviert.

Marillen-Karotten-Suppe

150 g getrocknete Marillen (Aprikosen) | 2 rote Chilischoten | 30 g frische Ingwerwurzel | 100 g Schalotten | 300 g Karotten | 2 EL Distelöl | 1 TL Currypulver (mittelscharf) | 400 ml Kalbsfond oder Gemüsebrühe | 800 ml Weißwein | Zimt Muskatnuss (frisch gerieben) | 1 kleines Bund Koriandergrün | Salz

Die Marillen in ½ Liter lauwarmem Wasser 4–5 Stunden einweichen. Die Chilischoten aufschlitzen, entkernen und sehr fein würfeln. Den Ingwer schälen und reiben. Die Schalotten fein würfeln. Die Karotten schälen, 150 g in dünne Scheiben schneiden und abgedeckt zur Seite stellen.
Das Öl in einem Topf erhitzen, Schalotten und Curry dazugeben und kurz andünsten. Die Aprikosen abtropfen lassen und sechs Stück zur Seite legen. Die Aprikosen und die Karottenscheiben in den Topf geben. Mit Kalbsfond und 800 ml Wasser auffüllen. Ingwer, Chili, Zimt und Muskat dazugeben, im geschlossenen Topf ca. 30 Minuten kochen lassen, bis die Karotten weich sind. Karotten und Aprikosen in der Flüssigkeit mit dem Schneidestab zerkleinern. Weißwein und ¼ Liter Wasser dazugeben, abschmecken und nochmals erhitzen.
Die zurückbehaltenen Aprikosen in Streifen schneiden. Die übrigen Karotten in Scheiben schneiden und in leicht gesalzenem Wasser 5–6 Minuten garen. Die Aprikosenstreifen kurz mit erhitzen. Beides in einem Sieb abtropfen lassen. Ein paar Korianderblätter zur Dekoration zurücklassen.

Serviervorschlag: Karottenscheiben und Aprikosenstreifen in vorgewärmten Suppentassen verteilen, mit heißer Suppe auffüllen und mit Korianderblättern dekorieren. Dazu Haselnussbrot reichen.

Weinempfehlung:
Schloss Gobelsburg Allerheiligenstiftung 2001 – klassischer Riesling vom Zöbinger Heiligenstein mit anfangs verhaltener Frucht in der Nase – schön strukturiert, mit rassigem Säurespiel

Marinierter Bodenseehecht auf Rucola und Kräuterpolenta

Für den Hecht:
300 g Hechtfilet | 100 g Wurzelgemüse | 125 ml Weißwein | 1 l Wasser | Lorbeerblätter | Fenchelsamen | Koriander | Salz | Pfeffer | Cayennepfeffer | einige Tropfen Pernod | 4 EL Grund-Vinaigrette | kaltgepresstes Olivenöl | nach Belieben gehackte Kräuter

Für die Kräuterpolenta:
80 g Sahne | 80 ml Fischfond | 100 g Polenta Olivenöl | frische Gartenkräuter | Salz | Pfeffer Muskat

Für den Salat:
Frischer Rucola | 6 EL Grund-Vinaigrette

Hechtfilet sauber putzen. Aus Wurzelgemüse, Weißwein, Wasser und den Würzzutaten einen Fond aufsetzen. Den Hecht einlegen und so lange pochieren, bis er sich leicht von den Gräten löst – nicht zu lange, denn Hecht wird gerne trocken und spröde, wenn er zu lange gegart wird. Dann von den Gräten zupfen. Dabei sorgfältig vorgehen. Mit Grund-Vinaigrette, frischen Kräutern und Olivenöl marinieren und nötigenfalls noch etwas abschmecken.
Für die Polenta Sahne und Fischfond aufkochen, die Polenta einrühren und unter Rühren garen. Mit Olivenöl und Kräutern abschmecken. Sollte sie zu fest werden, noch etwas Flüssigkeit dazugeben.

Serviervorschlag: Nun einen Rucolakranz anrichten, in die Mitte der Teller etwas Polenta geben und den marinierten Hecht auf der heißen Polenta anrichten.

Weinempfehlung:
Grüner Vetliner Langenlois – Aromen nach Kräutern – pikante Frucht – schöne Substanz – finessenreich am Gaumen

Knusprig gebratene Bauernente auf Ingwer-Rotkraut und Schupfnudeln

Für das Rotkraut:
1 Kopf Rotkraut | Salz | Pfeffer | eingelegter Ingwer | Lorbeerblatt | Pfefferkörner | Zimt | Nelken ½ l Rotwein | 100 ml Orangensaft | 50 ml Rotweinessig | 2 große säuerliche Äpfel (gerieben) 80 g Butter | 2 EL Zucker | 2 mittelgroße, fein geschnittene Zwiebeln | 2 große mehlige Kartoffeln

Für die Ente:
2 junge Bauernenten | Salz | Pfeffer | Majoran
4 Äpfel | 4 Zwiebeln | 80 g frische Butter

Den Kopf Rotkraut vierteln, die Strünke herausschneiden und das Kraut in feine Streifen schneiden. Das Kraut mit den Gewürzen sowie Rotwein, Orangensaft und Essig marinieren. Geriebene Äpfel untermischen und am besten für ca. 10–12 Stunden marinieren.
Die Butter erhitzen, den Zucker karamellisieren lassen und darin die Zwiebeln andünsten. Das Kraut beigeben und schön anschwitzen. Mit der Marinade aufgießen und langsam weich köcheln lassen.
Zum Schluss für die Bindung die beiden Kartoffeln hineinrieben. Das Kraut mit fein geschnittenem Ingwer und wenn nötig etwas Salz fertig abschmecken.
Die Enten säubern, eventuell Federkiele mit einer Pinzette zupfen. Salzen, pfeffern und mit Majoran einreiben. Äpfel und Zwiebeln in grobe Würfel schneiden, in der Butter anschwitzen und mit Majoran abschmecken. Die Enten damit füllen. Die Enten mit der Brust nach unten in eine Bratpfanne legen und mit wenig Wasser ins vorgeheizte Rohr geben (220 °C). Die Enten nach 20 Minuten umdrehen. Noch eine Viertelstunde bei gleicher Temperatur weiterbraten, dann die Hitze auf zwei Drittel reduzieren.

Serviervorschlag: Mit Schupfnudeln oder Kartoffelblinis servieren.

Kartoffelblinis:
110 g mehlige Kartoffeln | 1 Ei | 30 g Crème fraîche | Salz | Pfeffer | Muskat | Butterschmalz zum Braten

Kartoffeln waschen und in der Schale im Ofen schön weich backen. Dann mit einem Löffel aus der Schale schaben und durch ein Sieb passieren. Für die Rezeptur werden dann die fertig passierten Kartoffeln abgewogen. Dann Ei und Crème fraîche beigeben, mit Salz, Pfeffer und Muskat würzen. Kleine Häufchen in Butterschmalz anbraten und unter dem Salamander soufflieren lassen. Wenden und sofort anrichten und servieren.

>>

>>

Schupfnudeln:

500 g Kartoffeln | 140 g Mehl | 50 g Topfen
1 Ei | Salz | Pfeffer | Muskat | Butterschmalz zum Braten

Die Kartoffeln am Vortag weich kochen, schälen und mit einem Rollholz zerdrücken. Mit Mehl, Ei, Topfen, Salz, Pfeffer und Muskat einen glatten Teig abarbeiten. Auf einer bemehlten Arbeitsfläche zu ca. 3 cm dicken Rollen drehen. Kleine Stücke abschneiden und mit einer bemehlten Hand kleine Stücke „wuzeln“, d.h. den Teig zwischen einer gewölbten Hand und der Arbeitsplatte so abdrehen, dass die Enden spitz zulaufen.
In gesalzenem Wasser kurz abkochen, dann in Eiswasser abschrecken. Gut abtropfen lassen und in Butterschmalz goldbraun braten.

Weinempfehlung:

Carnunthum Cuvee 2000, Weingut Taferner – wuchtiger Zweigelt – betonte Cuvee, würzig, kräftig strukturiert mit viel Fruchtschmelz und einem Kirschsaft – süßer finish

Topfenknödel mit Zwetschgenröster und Butterbrösele

50 g Butter | 100 g Staubzucker | 500 g Topfen
2 Eier | 80 g gekuttertes Weißbrot (altbacken, ca. 2 Tage, und vollständig entrindet!) | Zitronenschale und Vanillezucker

Die Butter schaumig rühren, dann den Zucker einrieseln lassen und ebenfalls schaumig rühren. Nun abwechselnd Eier und Topfen in die Masse rühren, sodass sie schön cremig erscheint. Am Schluss Weißbrot und Mehl unterheben und mit Zitronenschale und Vanillezucker aromatisieren.
Nun Knödel formen und in kochendes, leicht gesalzenes Wasser einlegen. Die Knödel sollen dann nur noch leicht ziehen – für ca. 12 Minuten.

Serviervorschlag: Die Topfenknödel passen im Frühling herrlich zu einem Rhabarber-Erdbeer-Ragout und im Herbst zu Zwetschgenröster. Rhabarber-Erdbeerragout bzw. Zwetschgenröster mittig auf Teller anrichten, die pochierten, gut abgetropften Knödel darauf anrichten und mit Butterbröseln und Kristallzucker bestreut servieren.

Weinempfehlung:

Veuve Clicquot – die Prestige-Cuvee aus dem Hause Veuve Clicquot besticht durch Biskuit und Melonenaromen – reife enorme Fülle und Intensität – cremig im Abgang

Viele Köche verderben den Brei eben nicht. Zufrieden mit ihrem Ergebnis (von links): Axel Milberg, Suzanne von Borsody, Heino Huber, Alexandra Kamp und Michael Mendl.

Axel Milberg

Kochen ist ein privater Augenblick

Axel Milberg mit seiner Bauernente: „Im Ballettsaal des Festspielhauses nehmen die Menschen heute wohl zum ersten Mal zu.“ Auch seine Lebensgefährtin Judith Betzler (rechts).

IIch weiß nicht, ob „Cooking for Friends“ ein Event ist – wobei man den Begriff „Event“ schon gar nicht mehr hören kann, ohne ihn ironisch zu benutzen. Also für mich ist „Cooking for Friends“, für Freunde kochen, ein besonders zärtliches und fast intimes Angebot, jemandem etwas Gutes zu tun. Es öffnet den Magen und das Herz, und besticht. Denn wenn man isst, wird man freundlich und ausgeglichen. Das ist schon eine besonders charmante Idee.

Ich koche gern, fast täglich. Und ich mag es, wenn so ein leichter Geruch vom Kochen in der Wohnung ist und nicht alles durch die Dunstabzugshaube verschwindet. Wenn mein Sohn Moritz aus der Schule kommt, muss es in der Wohnung nach Essen riechen; ich finde, das gehört dazu. So kenne ich das von zu Hause – und wenn es nach Essen riecht, ist das mein Zuhause, meine Heimat. Da wird gelebt und geköchelt und das ist eine Prägung. Wo ich Kochgerüche nicht mag, ist an meinem Arbeitsplatz. Wenn beispielsweise auf die Bühne der Münchner Kammerspiele der Essensgeruch aus der Kantine herüberwehte, hat der Intendant Dieter Dorn immer geschimpft. Ich fand das auch nicht gut, diesen geistigen Raum in so ein Bratkartoffelodeur hineinzutauchen. Staub und Sägespäne muss man hier riechen – das auf Gemütlichkeit Abzielende passt nicht zu der Kunstanstrengung.

Ich koche eine begrenzte Anzahl von Gerichten, dazu gehören Rinderrouladen, Fleischpflanzerl oder Spaghetti Bolognese, die mein Sohn sehr gern isst. Ich kann eine ganze Menge machen, wie ich es zu Hause gelernt habe. Instinktiv entscheidet mein Geschmack, aber ich bin auch da relativ genau, es muss auf den Punkt stimmen. Ich tue bestimmte Gewürze in die Fleischpflanzerl, ich finde es ganz gut, wenn Petersilie drin ist und sogar ein bisschen Curry, der aber nicht hervorschmecken darf. Man darf nur einen Hauch davon spüren. Oder ein bisschen Knoblauch, ohne dass man ihn schmeckt. Ich bekomme manchmal Kochtipps, und wenn ich eine Idee lustig finde, probiere ich sie einfach aus. Dann gibt es bei mir die Entwicklungen der Essenszubereitung im Hinblick auf fettarm, auf gesund, auf möglichst natürlich, nicht denaturiert. Es ist doch klar, wenn man 40 und älter ist, dass man mehr darauf achtet, was man zu sich nimmt, was man isst und trinkt und wie viel und was satt macht und was Unsinn ist. Ich ernähre mich seit ein paar Jahren bewusster, lasse beispielsweise die Butter vollkommen weg. Öfter trinken statt essen, so zwei, drei Liter Wasser am Tag. Eine große Rolle spielt in meinem Leben der Ernährungswissenschaftler und Fitnesspapst Strunz; mein Sohn fragt mich manchmal: Ist das auch strunzig, Papa? Das ist oft schwer zu beantworten. Man kann sich 50 Prozent strunzig ernähren und zur anderen Hälfte dem Genuss frönen. Ich hab's auch ganz gern vielseitig, wie in Bregenz.

Das Gericht für meine Freunde ist eines meiner Lieblingsgerichte: Ente, besonders mit knuspriger Haut, schmeckt schon sehr fein. Die dazu servierten Schupfnudeln waren natürlich nicht strunzig. Schupfnudeln bin ich bisher immer aus dem Weg gegangen. Ich kannte sie nur von Volksfesten im Raum Baden-Württemberg oder vor dem Hamburger Rathaus, wo sie in Riesenkesseln mit Kraut zubereitet werden. Auf der Ebene, wie wir sie in der Küche des Deuring Schlössle zubereitet haben, ist allerdings alles köstlich, mit guten und frischen Zutaten. Schlimm sind leider Schokolade, Pommes Frites und Bratkartoffeln. Das Essen nach sechs Uhr abends gehört deinem Feind, heißt ein Sprichwort. Aber bei einer Premierenveranstaltung geht das eben nicht anders. Deshalb habe ich meinen Gang auch folgendermaßen angekündigt: „Liebe Freunde, es dürfte heute wohl das erste Mal sein, dass im Ballettsaal des Festspielhauses Menschen zunehmen."

Es war nicht mein erster Besuch in Bregenz, aber der erste im Deuring Schlössle, unserer Versuchsküche. Ein bezaubernder Ort, versteckt und originell, verwinkelt, schrullig, einfach echt und gewachsen. Eine angenehme Abwechslung zu den sterilen Hotels, die man ja sonst in unserem Beruf oft besucht. Wie das Privathaus eines Bodenseebarons. Der Gastgeber, Wirt und Koch Heino Huber war gelassen und freundlich und man merkte ihm nicht an, welchen Stress er an diesem Tag hatte: Mittagessen für den österreichischen Bundespräsidenten und seine Gäste, Vorbereitung des abendlichen Büffets für 2000 Premierengäste im Festspielhaus – und dann noch wir vier in seiner Küche. Ich bin abgereist mit dem festen Vorsatz, wiederzukommen.

Für mich war das gemeinsame Kochen mit Suzanne, Michael und der entzückend natürlichen Alexandra Kamp, die ich privat gar nicht so gut kannte, eine neue Erfahrung. So zusammen zu kochen, dass am Abend 88 Gäste satt werden können, das war für mich schwer vorstellbar. Es hat sehr viel Spaß gemacht und daran erinnert, wie selten man dazu kommt: kochen und Platz haben. Früher dachte ich in meiner Küche immer, ich muss alles alleine machen: Geh raus aus der Küche, du störst mich. Seit Bregenz bin ich entspannter. Die Menschen sind in dem Moment, wenn sie kochen, besonders liebenswert, weil sie etwas mit Konzentration und Liebe machen und weil dabei plötzlich auch Ehrgeiz, Konkurrenz und Stress abfallen. Wir kennen das alle: Jeder, bei dem man sich bedankt, weil man bei ihm zum Essen war und er von morgens bis abends in der Küche stand, wehrt eigentlich ab und sagt: Das macht einen solchen Spaß, das ist für mich Meditation: Zwiebel zu schneiden, Gemüse zu putzen, Kartoffeln zu schälen.

Für mich auch. Kochen verlangsamt einen schnellen Tag.

Ich beobachte gern den Menschen, wenn er so was pusselt, liebevoll verändert und zubereitet und für andere kocht – das ist charmant, das ist schön. Da ist es schwer, als Angeber unterwegs zu sein, eine Rolle zu spielen – das ist ein privater Augenblick.

Michael Mendl

Wir sind ein Ausnahmehaufen

In diesem Jahr sollte Bregenz etwas ganz Besonderes werden. Wir kennen ja diese wunderbare, spektakuläre Seebühne schon und lieben die romantischen Sonnenuntergänge, die Besuche hinter der Bühne und vorher das gemütliche Zusammentreffen und das begeisterte „Hallo“, wenn man sich einmal im Jahr hier zusammenfindet. Diesmal stand aber alles unter einem anderen Stern, genau genommen unter fünf Sternen (dem österreichischen Koch des Jahres Heino Huber und uns vieren). Diese fünf Sterne lagen ein bisschen auf unseren Schultern; sollte doch aus uns wie aus Zitronen der mögliche Kochsaft herausgepresst werden und dann geschaut werden, wie das schmeckt, was man da so rausholen kann. Also, in die Hände gespuckt.
Zum einen hatten wir eine erneute Premiere vor Augen, die der „La Bohème“ auf der Seebühne, und zum anderen saß uns im Nacken: Es muss gekocht werden. Das heißt, wir wollten ja auch kochen. Was mich betrifft, war es so, dass ich mich für die Nachspeise unter einen gewissen Stern gestellt hatte, den der Topfenknödel. Eigentlich hätte ich es lustig gefunden, als ein einziger großer Topfenknödel aufzutreten – aber es war ja kein Karneval, sondern eine Oper.

Jeder matscht in seinen Schüsseln und Töpfen, von der Vorspeise bis zum Dessert.

Irgendwie hatte die ganze Veranstaltung viel mit Wasser zu tun: einerseits mit dem größten Binnenmeer Deutschlands, andererseits mit Wasser, das als Regen fiel und es uns leider unmöglich machte, auf der Seebühne unser Essen in der Bistro-Kulisse der „La Bohème" zu kredenzen, was wir eigentlich monatelang geplant hatten. Die Himmelssterne waren offensichtlich dagegen und verhüllten ihr strahlendes Antlitz vor uns. Also konnten wir die Bühne zum Veuve-Clicquot-Cocktailempfang nur kurz aufsuchen, denn der Champagner vermischte sich schon bald mit Regenwasser.

Man kann sich vorstellen: Für 88 Leute zu kochen ist eine himmlische Aufgabe. Gott sei Dank hatten die Sterne ein Einsehen mit uns und teilten die Arbeit durch vier, vom Hauptgang bis zum Nachtisch. Daher blieb für jeden ein kleine Verschnaufpause und wir mussten nicht den ganzen Nachmittag und Abend alleine schuften. Wir hatten uns einen Regenplan gemacht; für Suzanne, Alexandra und Axel hieß das, Servieren im Ballettsaal, und für meinen Gang Umzug in den Rittersaal des Deuring Schlössle. Wir hatten uns überlegt, dass wir auf dem Gang von der Seebühne zum Bus einen roten Teppich ausrollen, die Gäste drübergehen, ich ihn wieder zusammenrolle und der Teppich dann vor dem Schlössle zum Drüberschreiten bereitliegt. Als Notlösung wurde diese Art von „Stars und Glamour" einfach vor den Ballettsaal verlegt; ich durfte den Teppich zwar aufrollen, musste ihn aber über der Schulter in den Bus tragen. Wirklich sehr glamourös ...

Wir hatten viele tolle Ideen, von denen die meisten leider ins Wasser gefallen sind. Das einzige, was vom Topfenknödelkarneval übrig blieb, war meine Beschreibung per Mikrofon im Bus: „Wie bereite ich für 88 Menschen Topfenknödel zu" und die Idee von Anja Kruse, dieser Michael Mendl als ewiger Pausenclown könne doch eigentlich eine Clownsnase aufsetzen. Gedacht, getan! Es bedurfte keiner großen Überredung ...

Nachdem meine lieben Kollegen ihre Gänge im Ballettsaal des Festspielhauses serviert und beschrieben hatten, ging's also in die historischen Gemäuer dieses wunderbaren Hotels. Ich glaube, um sich im Deuring Schlössle zurechtzufinden, braucht man einen Kompass. Ich könnte jetzt nicht mehr sagen, wie ich mich zurechtgefunden habe, aber vielleicht lag es auch an der Aufregung, sich als Koch zu bewähren.

Am Nachmittag hatten wir uns erstmalig in dieser Schlossküche eingefunden und zu unserem Erstaunen festgestellt, dass es nur einen einzigen Herd gab. Wie sollte das ausreichen für uns vier und den Chef? Wir konnten es uns nicht vorstellen. Aber unter den Argusaugen unseres Fünf-Sterne-Kochs, der nicht nur lehrte, sondern auch da, wo es nötig war, mit geschärften Messern hilfreich zur Seite stand, matschte jeder nun in seinen Schüsseln und Töpfen herum, korrekt nach Anleitung. Ich war der Hauptmatscher, Topfenknödel ist halt erst mal Matsch. Jeder erkämpfte sich in der Gemeinschaftsküche seine Arbeitsplatte oder Backröhre. Irgendwie ging das alles, die Zutaten kamen so nach und nach aus der Großküche und man kam sich vor wie beim Schlangestehen: Hey, das sind meine Zwiebeln, das ist mein Messer.

Pausenclown Mendl serviert seine Topfenknödel im Labyrinth des Deuring Schlössle.

Hauptarbeit für mich war das Zwetschgen-Entkernen. Da braucht man schon eine gute Daumenmuskulatur, um die Schnitte zu setzen und die Kerne rauszupulen. Wie heißt es so schön: die Guten ins Kröpfchen, die Schlechten ins Töpfchen. Wenn das geschafft ist, werden sie mit Zucker in einem riesigen Topf angeröstet. Toll, zuzuschauen, wie sich die Massen glasierten – und erst der wunderbare Geruch, der einem da durch die Nase strömt! Der belohnt.
Während die anderen mit vollen Bäuchen, einem Gläschen Wein und einem Espresso am Abend darauf warteten, dass der letzte Gang kam und ich mit ihn meiner schon eingefallenen Kochmütze servieren würde, galt es die 240 Knödel zu formen und ins kochende Wasser zu werfen, sie rauszusieden, abtropfen zu lassen und zu garnieren. Beim Servieren hatte ich so meine Schwierigkeiten, denn die Topfenknödel fanden reißenden Absatz – ich gehe mal davon aus, weil sie gut schmeckten. Es wollte jeder möglichst nicht nur einmal einen Teller bekommen, sondern zweimal, und ich konnte natürlich nicht abzählen lassen, wer schon was hatte und wer nicht – wir waren schließlich nicht auf der Wachstube. Die Schreie „Ich hab noch nicht!" wurden immer lauter; meine liebe Kochpartnerin Suzanne nahm, glaube ich, sechsmal einen Teller. Jeder hat sich ein bisschen wie beim Kindergeburtstag verhalten, auch ich als Kellner. Denn ich hatte den Ehrgeiz, es so zu machen wie meine Kollegen im Hofbräuhaus oder auf der Wiesn im Hippodrom: In jeder Hand drei Teller, sauste ich immer um die Ecke von der Küche in den Salon, versuchte trotz aller inneren wohlbefindlichen Anstrengung auch noch ein bisserl komisch zu sein – man darf ja nicht vergessen, dass ich dauernd eine rote Pappnase aufhatte. Ich rief also: „Die Arbeitswege freihalten!" Und dann sauste mir in einer Serpentinenkurve der erste Teller aus der Hand – und die anderen segelten hinterher. Nun gut, nur einmal. Ich glaube allerdings, dass ein Haus dieser Konvenienz solche Situationen nicht so oft erlebt – aber wir sind ja sowieso ein Ausnahmehaufen ...
„Cooking for Friends" – kann man das vergleichen mit der Hochzeit zu Kanaan? Ich versuch's mal. Damals kamen wahrscheinlich mindestens so viele Menschen zusammen wie bei uns – wir waren 88. Dort ging der Wein aus, aber wie der Glaube uns lehrt, wurde er dann doch aus Wasser vermehrt, sodass jeder zu trinken hatte. Bei uns war alles so wunderbar organisiert, dass niemand leer ausging, dass man nicht zum Himmel beten musste, damit irgendwelcher Ersatz herangekarrt wurde. Bei uns war von vornherein alles wohl bestellt. Eine Hochzeit ist es natürlich nicht, aber es ist eine Verbindung „with friends", mit Freunden. Sich wieder zu sehen, sich anfassen zu können, sich in die Augen sehen zu können – das geschieht nicht nur, weil man gut essen will, sondern weil das Essen all diese Zwischenmenschlichkeiten so wunderbar verbindet. Da wir mittlerweile so eine große Familie geworden sind, ist es vielleicht doch eine Art Hochzeit, eine „hohe Zeit", die man miteinander verbringt. Ich glaube aber, in Kanaan gab es keinen Nachtisch – jedenfalls keine Topfenknödel.

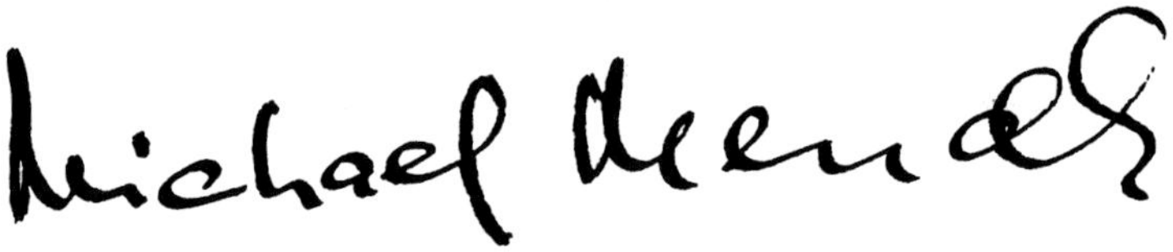

Hotel Bad Schachen in Lindau Alles ist da: unverwechselbar, einmalig, persönlich und im schönsten Sinne altmodisch wie ein Maßanzug. Wer diesen Charme erkennt und liebt, wird sich im Hotel Bad Schachen wohlfühlen. Geschützt durch einen Privatpark öffnet der großartige Besitz den Blick zur Inselstadt Lindau und über die gesamte Weite des Bodensees, der Deutschlands Riviera mit Österreich und der Schweiz verbindet.

Ein romantisches Frühstück unter gestreifter Markise – auf dem Seebalkon des eigenen Zimmers – ist unvergesslich, ebenso wie die nachmittägliche Entspannung im angrenzenden Badehaus, der Drink auf der großzügigen Terrasse oder die Bootsfahrt vom hoteleigenen Steg zur Bühne der Bregenzer Festspiele – stilvoll in Abendgarderobe und mit Champagner dem Sonnenuntergang entgegen ...

Aus der Landschaft am See und der Mischung des Beständigen mit dem sich Wandelnden erwächst die Geschichte des Hotel Bad Schachen: ein Stück Lindauer Geschichte, Geschichte einer Stadt, die Insel-, Hafen- und Gartenstadt zugleich ist und durch ihre verkehrsgünstige Lage zwischen München und Zürich sowie zwischen Straßburg und Innsbruck internationales Publikum anzieht.

Sieben Familiengenerationen haben den Besitz geführt, seit im Juni 1752 der Weinbauer Johann Georg Schielin die berühmte Eisen-Schwefel-Quelle „Baad zu Schachen" für 600 Gulden ersteigerte und zur Abrundung von Weinbau und Badebetrieb das „Gasthaus zum weißen Schwanen" eröffnete. Heute empfängt das Hotel Bad Schachen seine Gäste in 130 Zimmern und Suiten sowie in traditioneller europäischer Hotelkultur.

Sie haben „Cooking for Friends" verinnerlicht: das Schauspieler-Paar Michael Mendl und Carolin Fink.

Menue

Moët Chandon brut

Currysuppe
mit knuspriger Banane
im Reisblatt

2000er R.H. Phillips Chardonnay
Dunnigan Hills

Ruhr-Zander
auf Octopuss-pistourisotto
mit Ochsenschwanzgrissini
und Blutwurstpesto

2000er Oberbergener Bassgeige
Spätburgunder Rotwein

Tarte Tatin
vom mallorquinischen
Pfirsich
mit Olivenöleis

Dortmund

Anja Kruse

Das Konzerthaus Dortmund

Ulrich Andreas Vogt,
Intendant des Konzerthaus Dortmund

Gepflegtes Essen ist Lebensstil

Mit seiner Eröffnung im September 2002 hat das Konzerthaus Dortmund die künstlerische Landschaft verändert. Neben der Kölner Philharmonie, die vor allem Besucher der Rheinschiene anlockt, gibt es jetzt eine „Philharmonie für Westfalen", die Künstler und Orchester von internationalem Rang nach Dortmund holt. Das Konzerthaus Dortmund schließt für gut 2,7 Millionen Menschen im nördlichen und östlichen Ruhrgebiet eine deutliche Lücke.

Als Maßstab beim Bau des Konzerthaus Dortmund diente die klassische Rechteckform des Wiener Musikvereinssaals, dessen Akustik als die weltweit beste gilt. Höchste akustische Qualität auf allen 1550 Plätzen des Saales ist das Ziel. Der Wohlfühlfaktor beim Publikum soll stimmen. Jung und generationsverbindend will sie sein, die neue Philharmonie für Westfalen.

Die erste Spielzeit des neuen Hauses steht unter dem Motto „Aufbruch" und das umfangreiche Programm bietet höchstes Niveau in den Bereichen Sinfonik, Oper, Kammermusik, Jazz, Chanson, Show und Revue an.

Nach einer Bauzeit von gut zwei Jahren eröffnete die Philharmonie für Westfalen mit einem dreitägigen Marathon. Die nationalen und internationalen Medien – das Eröffnungskonzert wurde vom Fernsehen live übertragen – waren zahlreich vertreten und zollten dem Ereignis großen Respekt. Insbesondere bei dem großen Festakt gab sich viel Prominenz aus Wirtschaft, Landes- und Bundespolitik die Ehre. Stars von Bühne, Film und Fernsehen waren unserer Einladung zur Eröffnung und dem sich anschließenden „Cooking for Friends" begeistert gefolgt. Es war ein glanzvoller Auftritt und eine geschickte Planung, das eine mit dem anderen zu verbinden. Die Stars genossen mit uns ein hochkarätiges Konzert unter der Leitung von Kent Nagano und danach mit Holger Stromberg und Anja Kruse die gastronomischen Höhepunkte des „Cooking for Friends".

Kreative Speisenzubereitung und gepflegtes Essen gehören ebenso zum Lebensstil und zur Kultur des Menschen wie Musik, Theater und Gesang. Aus dieser Symbiose schöpfen wir Kraft, finden wir Muße und Halt.

Imposant: die Kulisse des
neuen Konzerthaus Dortmund.

Anja Kruse

Jenseits der alten Gourmet-Trampelpfade

Sternekoch Holger Stromberg: Koch aus Leidenschaft „Ich folge meiner Leidenschaft. Sie betrifft alles, was mich positiv antreibt, etwas zu schaffen, das mir und anderen diese Welt noch schöner und interessanter macht – nicht nur als Koch und Gastgeber, der ich werden wollte, solange ich denken kann, und geworden bin. Mein Beruf beflügelt mich täglich; für mich steht nichts still und ich bin ständig auf der Suche nach neuen Ideen, Abenteuern und Bereichen, die sich mit Genuss und Lebensart verbinden lassen." Wer das Glück hat, Holger Stromberg bei seiner Arbeit beobachten zu dürfen, der spürt seine Begeisterung aus jeder Pore. Nicht ohne Grund reißen sich Fernsehsender und Printmedien um den „James Dean unter den Köchen", wie er schwärmerisch genannt wird. Auch in der Zeitschrift „Glamour", die zweimal monatlich erscheint, hat er eine eigene Serie.

Mit 23 Jahren war der Erfinder und Präsident der „Jungen Wilden" (Köche) im „Restaurant Goldschmieding" in Castrop-Rauxel der jüngste Sternekoch Deutschlands. Seine Familie ist seit mehr als 150 Jahren in der Gastronomie tätig, und so steht für ihn fest, dass die Übernahme seines Elternhauses, dem „Alten Gasthaus Stromberg" in Waltrop zu seinen vielen Aufgaben gehört. Für die Selbstständigkeit verlässt er nach drei Jahren, im Mai 2002, das Münchner Mandarin Oriental Hotel, nicht ohne es vorher mit 16 Punkten im Gault Millau zu einem der besten Restaurants in Deutschland zu machen. Er kocht aus dem Bauch heraus: „Dabei ist es nicht selten, dass mich das Ergebnis selbst positiv überrascht. Ich riskiere sicher viel in Bezug auf Ge-

>>

Mein „Cooking for Friends" hat mehrere Kapitel.

1. Kapitel:

Um es mal ganz klar zu sagen: "Cooking for Friends" wurde nicht nur für Tidof erfunden, sondern ganz sicher auch für mich. Ja, wirklich! Angefangen hat das alles so:

Man sitzt gemütlich bei einer Flasche Lieblingswein zusammen und zerbricht sich den Kopf darüber, wie man es bewerkstelligen kann, für 20 Leute – denn so viele werden es schon für ein Geburtstagsdinner – in einer Privathaushaltküche zu kochen. Geht eigentlich nicht. Doch ich liebe es, meine Freunde einzuladen und zu bekochen. Also was tun? Warum denn nicht – verrückte Idee – eine Restaurantküche okkupieren? Gedacht, gesagt: Nachgefragt in meinem Münchner Stammlokal „Spago", und an meinem Geburtstag in die Tat umgesetzt. Das war dann sozusagen das inoffizielle Probekochen ...

2. Kapitel:

Mein offizielles „Cooking for Friends" war geplant zur Eröffnung des Konzerthaus Dortmund. Premierendinner, so um die 90 illustren Gäste plus Freunde – au weia. Ich bin doch nicht wahnsinnig und steh so was alleine durch – ein professioneller Gefährte muss her! Bei einer Veranstaltung der „Jungen Wilden" (Köche) lernte ich Holger Stromberg kennen. Das war's, was ich wollte: Kochen jenseits der alten Gourmet-Trampelpfade ... Holger und ich waren sofort ein Herz und eine Seele – kein Wunder, sind wir doch beide „Pott-Kinder" ... Also stand dem Event in unserer gemeinsamen Heimat nichts mehr im Weg.

3. Kapitel:

Zwecks Menübesprechung lud Holger sich bei mir zu Hause ein, sagte so nebenbei, er mache auch ein bisschen was zu essen. Ich hab also ein paar Freunde eingeladen, zum Degustieren – nein, ehrlich gesagt, ich wollte auch ein bisschen angeben mit den Künsten meines Superkochs ...

Holger erschien mit einer Riesenbox voller Lebensmittel und kompletter Küchenausstattung! (Hatte der gedacht, ich hause in einer Studentenbude???)

Er schnippelte und brutzelte in der Küche (die, nachdem er sie verlassen hatte, sauberer war als je zuvor!) Wir scharten uns um ihn, ich durfte auch ein bisschen helfen (musste ja noch einiges lernen ...), und so nebenbei leerten wir zu sechst an die zehn Flaschen köstlichsten Chardonnay. Von wegen, „ein bisschen was zu essen": Holger hatte mal so eben ein traumhaftes Vier-Gänge-Menü aus dem Handgelenk gezaubert!

Die Menübesprechung fand dann, aufgrund zu ausgelassener Stimmung an diesem Abend, einige Wochen später am Telefon statt.

Dieses Bild war auf ihrer Einladungskarte, denn Currywurst ist ein „Must“ im Pott. Anja Kruse und Holger Stromberg lieben ihre Heimat.

4. Kapitel:
Drei Tage vor dem großen Event fand ich mich zwecks Vorbereitungen im Gasthaus Stromberg in Waltrop ein. Standesgemäß trafen Holger und ich uns bei „Curry Heini“ zu Currywurst mit Pommes rot-weiß ... (Ja, das fand wirklich statt! Nicht bloß beim Fotoshooting für die Einladung!) – Flashback in meine Kindheit ...
Und wie ein Kind stand ich auch mit offenem Mund und staunenden Augen vor den Bergen von Fisch in der Großmarkthalle (off limits für „Normalos“ – normalerweise). Wir streunten herum und fanden endlich das „Objekt der Begierde“: eine (frische) Riesenkrake, die wir dann – Gott sei Dank bis zur Unkenntlichkeit zerkleinert – für das Risotto verwendeten. Schon zu viel Zeit vertrödelt, also ab in die Küche.
98 Gäste – an diese Dimensionen muss man sich erst mal gewöhnen. Wenn man einen halben Waschkorb voller Zwiebeln geschnitten hast, dann weiß man, wie's geht – das verlernt man im ganzen Leben nicht mehr!
Was war aus meiner kleinen, feinen Bananencremesuppe geworden? Mittels Putzeimer (!) half mir das Küchen-As, die Sahne hineinzuschütten. Die absolute Härte waren aber 98 Portionen Tarte Tatin (hatte ich blöde Kuh vorgeschlagen!): Jedes einzeln im Pfännchen, Zucker karamellisieren, Äpfel rein, backen, umdrehen, braten ... und die Zeit rennt davon! Trotzdem, die Stimmung in der Küche war super, alle waren gut drauf.

>>
schmackskombinationen. Bei der Grundlage meiner Gerichte verliere ich jedoch nie den Bezug zur ehrlichen Küche. Für die Gerichte bin ich immer auf der Suche nach den besten Produkten. Diese behandle ich bei der Verarbeitung mit Respekt und bringe sie mit meinem im Kopf entstandenen Lexikon an Zubereitungstechniken, Garmethoden und Kombinationen innerhalb der zur Verfügung stehenden Lebensmittelvielfalt in Verbindung. Außerdem strebe ich nach harmonisch natürlicher Schönheit und Farbenvielfalt meiner Gerichte.“
Das hat auch die Schauspielerin und leidenschaftliche Hobbyköchin Anja Kruse fasziniert. Zur Eröffnung des Konzerthaus Dortmund kochten die beiden für ihre Freunde und prominenten Ehrengäste. Bereits in der Pause zwischen Beethovens „Meeresstille und glückliche Fahrt“ und der Sinfonie Nr. 9, dirigiert von Kent Nagano, luden beide zu einer „kulinarischen Ouvertüre à la Ruhrpott“: zur Currywurst an Toast. Das Premieren-Menü wurde im Gasthaus Stromberg serviert. Holger Stromberg über Ruhrpott-Kollegin Kruse: „Sie ist einfach die perfekte Gastgeberin: intelligent, liebevoll und ehrgeizig, hat diese gesunde Nervosität, viel Humor und sieht phantastisch aus.“
„Davidoff Cooking for Friends“ ist für Holger Stromberg „ein über lange Zeit vergessenes Brauchtum, das glanzvoll zurückkehrt“ und außerdem ist es „die wahrscheinlich längste Eventreihe der Welt.“ Das Konzept passt zu seiner Philosophie, dass die Menschen, die ihm zur Seite stehen – seine Familie, Freunde und Kollegen – die Grundlage seines Erfolges sind. Die Mitglieder seines Küchen-Serviceteams zählt er zu seiner Familie. „Schließlich verbringe ich auch die meiste Zeit mit ihnen.“ Holger Stromberg schafft in seiner Truppe Harmonie, Spaß und Motivation.
Mit eigener Homecooking-Linie und seinem gut gebuchten Veranstaltungsservice ist der Küchen-Tausendsassa aber offenbar immer noch nicht ausgelastet: Seinen Traum, ein eigenes Lokal in München, will er sich unbedingt noch erfüllen.

5. Kapitel:

Der große Tag. Seit neun Uhr in der Küche. Die letzten Zutaten bereitstellen, damit nachher alles reibungslos läuft. Früher habe ich immer über diese Fernsehköche gelacht, die auf Tellerchen und Schüsselchen alles geschnitten, geputzt und portioniert parat hatten. Jetzt hab ich dazugelernt – nur so geht's einigermaßen ohne Stress.

Es wird Abend. Also raus aus der dreckigen Kochschürze, rein in das neue Küchenoutfit – ja, Kostüm und Maske muss sein!

Mit Lampenfieber (wirklich!) serviere ich mit Holger in der Konzertpause „unsere" Currywurst – als kleinen Gruß aus der Heimat und Pflichtprogramm für Pott-Besucher. Alle sind begeistert. Uff, die erste Runde geschafft.

Wir flitzen zurück nach Waltrop. Gleich werden sie kommen, 98 hungrige, kritische Mäuler … Sie sind da! Auf die Plätze, fertig, los!

Wie ein Feldwebel überwacht Holger die Essensausgabe. Jeder Handgriff ist vorher besprochen, sechs bis acht Hände füllen gleichzeitig die Teller. Wow, das geht wie's Brezelbacken!

Trotz Blitzlichtgewitter der Fotografen, die uns manchmal im Weg stehen, klappt alles wie am Schnürchen. Ab und zu rutsche ich, auch mit Turnschuhen, auf dem fettigen Küchenfußboden aus. Kein Wunder bei unserem Tempo.

Nach dem Dessert (diese klebrige Zuckerschlacht war es wert!) lassen wir uns beklatschen. Zu Wunderkerzen wie beim „Traumschiff" tritt die ganze Küchenbrigade auf. Was für ein Gefühl! Und endlich ein Glas Champagner!!! Dazu verdrücken wir „Küchenkinder" – die wir ja an diesem illustren Dinner nicht teilnehmen konnten – die Reste von Holgers Blutwurst-Grissini und meinen gebackenen Reisblatt-Bananen.

Geschafft! In des Wortes doppelter Bedeutung! Aber mega-glücklich!

Das war's. Vorbei. Ende … Nun ja, wie man's nimmt. Denn „Cooking for Friends" macht süchtig: Für zwei bis vier Personen – ist doch langweilig. Also lasse ich mich gern überreden, zu kochen – an Geburtstagen, Weihnachten, Silvester …

Und wo in der Küche Kunst und Artistik anfangen, wird's erst richtig spannend.

Danke, Holger, für deine Inspiration – und für alles, was ich von dir gelernt habe!

Tolles Design und tolle Akustik – da sind sich alle Premierengäste des Konzerthaus Dortmund einig. Der Wiener Musikvereinssaal diente als Vorlage.

Musik verleiht dem Nashorn Flügel: Astrologin Elizabeth Teissier weiß, dass im Konzerthaus Dortmund neue Werke und Stilrichtungen präsentiert werden, die auch international Aufsehen erregen werden. Die Sternenkonstellation steht für Musik, Poesie und Publikumserfolg.

Die Currywurst von Kruse und Stromberg ist Pflichtprogramm in der Konzertpause für Ehepaar Zapatka (links) und Ehepaar Wildbolz. Anschließend flitzen die beiden Köche ins Gasthaus Stromberg nach Waltrop.

Currysuppe mit knuspriger Banane im Reisblatt

2 große Bananen | 1 kleine Zwiebel (fein gewürfelt) | ca. 3 EL Margarine oder Butter (kein Olivenöl!) | 3–6 EL Madrascurry (6 ist schon ganz schön scharf!) | ¼ l Gemüsebrühe | ¼ l Sahne ⅛ l Milch | Salz und Zucker zum Abschmecken

Einlage:
4 Reispapierblätter (kurz in Wasser einweichen) 4 EL gewürfelte Bananen | Erdnussöl zum Ausbacken

Bananen und Zwiebeln in Margarine anschwitzen. Curry dazugeben, mit Brühe ablöschen und mit Sahne und Milch auffüllen. Abschmecken, ⅛ Stunde köcheln lassen. Alles in den Mixer geben, fein pürieren, anschließend durch ein Sieb streichen. Vor dem Servieren mit dem Stabmixer schaumig aufschlagen. Die Bananenwürfel werden auf den nassen (und weichen) Reispapierblättern verteilt und anschließend aufgerollt. Trocknen lassen (mindestens 2 Stunden) und im heißen Fett knusprig backen.

Serviervorschlag: Die Suppe in Caipirinha-Gläser geben, das knusprige Bananenröllchen quer oben drüber.

Weinempfehlungen:
Californischer Chardonnay, R. H. Phillips, 2001 – trocken – sehr gutes Frucht-Säure-Spiel – Noten von Zitrus- und tropischen Früchten, die schön verwoben sind mit Vanilletönen vom Fassausbau
oder
2000er Oberbergener Bassgeige, Spätburgunder Rotwein – kraftvoller, samtiger Rotwein mit deutlicher, aber feiner Tanninstruktur – Duft nach eleganten, fruchtigen Waldbeeraromen

Ruhr-Zander auf Oktopus-Pistou-Risotto mit Ochsenschwanzgrissini und Blutwurstpesto

etwas Suppengemüse | 1 kleiner Oktopus 1 Knoblauchzehe | 1 Sträußchen frischer Thymian | 150 ml Weißwein | 4 Zanderfilets (geschuppt mit Haut)

Risotto:
2 Schalotten (geschält und in kleine Würfel geschnitten) | Olivenöl | 100 g Risottoreis | 60 ml Weißwein | 150 ml Geflügelbrühe | 1 Thymiansträußchen | 1 Lorbeerblatt | Salz | 20–30 g frisch geriebener Pecorino (oder Parmesan)

Grissini:
200 g gekochtes Ochsenschwanzfleisch (ohne Fett und Knorpel) | Olivenöl | 60 ml Portwein Salz | Pfeffer | 4 Blatt Frühlingsrollenteig (TK) vom Asia-Shop | 1 Ei | Fett zum Ausbacken

Pistou:
1 Bund Kerbel (gezupft, Blätter von Stielen befreien) | 1 Bund Thymian (gezupft) | 1 Bund Basilikum | 1 Bund Petersilie | wenig Dill | 80 ml Olivenöl | 1 EL Pinienkerne | 2 EL Parmesan

Blutwurstpesto:
100 g Blutwurst | 1 EL Pinienkerne | 2 EL Parmesan | 1 TL gehackter, frischer Rosmarin ¼ Knoblauchzehe | 80 ml Olivenöl | Salz und Pfeffer (wie immer aus der Mühle)

In einem schmalen Topf das Suppengemüse in etwas Olivenöl anschwitzen, den Oktopus, Knoblauch und Thymian zugeben und mit Weißwein ablöschen. Kurz aufkochen lassen. Den Oktopus mit Wasser bedecken und beschweren, sodass er komplett im Wasser liegt. Auf mittlerer Flamme ca. 1–2 Stunden kochen, bis er weich ist. Herausnehmen, in einer Schüssel mit lauwarmem Wasser die Haut und Noppen abstreifen und das Fleisch in 1 cm große Stücke schneiden.

In einer Stilkasserolle oder Teflonpfanne die Schalotten in ausreichend Olivenöl farblos anschwitzen. Den Reis zugeben, ebenfalls gut anschwitzen. Mit Weißwein ablöschen und etwa 2 Minuten köcheln lassen. Thymian und Lorbeerblatt zugeben und mit Brühe auffüllen. Mit etwas Salz würzen und ca 15 Minuten köcheln lassen, dabei ab und zu rühren (sollte das Risotto zu sehr eindicken, Wasser angießen).

Das Ochsenschwanzfleisch fein schneiden und in einer Teflonpanne mit etwas Olivenöl anbraten. Mit etwas Portwein ablöschen, mit Salz und Pfeffer würzen, die Flüssigkeit unter ständigem Rühren völlig einkochen lassen. Vom Feuer nehmen, auskühlen lassen.
Den Frühlingsrollenteig ausbreiten und mit gequirltem Ei üppig bestreichen. Ochsenschwanz in Linien gleichmäßig auf die einzelnen Blätter verteilen und einrollen. Seiten ausdrücken.

Für das Pistou alle Zutaten in eine Moulinette geben und fein pürieren.

Für das Blutwurstpesto alle Zutaten in eine Moulinette geben und fein pürieren.

Den Zander in eine vorgeheizte Teflonpfanne mit etwas Olivenöl auf der Hautseite einlegen. Mit einem leeren Stieltopf beschweren, sodass die Haut glatt in der Pfanne liegt. Nach 2–4 Minuten den Stiltopf entfernen und den Fisch wenden. Mit Salz und Pfeffer würzen und nochmals 3 Minuten braten. Die Grissini in ausreichend Fett (Fritteuse 160 °C) ausbacken und zum Abtropfen auf Küchenkrepp legen. Den Oktopus sowie das Pistou kurz vor Fertigstellung des Risotto unterrühren.

Serviervorschlag: Das Risotto in die Mitte der vorgewärmten Teller geben und den Zander daraufsetzen. 1 Esslöffel Blutwurstpesto darum geben und die Grissini anstellen.

Weinempfehlung:
Oberbergener Bassgeige 2000, Spätburgunder Rotwein – kraftvoll, samtig mit deutlicher, aber feiner Tanninstruktur – Duft nach eleganten, fruchtigen Waldbeeraromen

Tarte Tatin vom mallorquinischen Pfirsich mit Olivenöleis

Für das Eis:
½ l Milch | 2 El Honig | 5 Eigelbe | 100 g Zucker
3 EL kräftiges Olivenöl (Extra Vergine)

Für die Tarte Tatin:
80 g Butter | 150 g Zucker | 500–600 g entsteinte und in Sechstel geteilte Aprikosen
200 g Blätterteig (TK)

Für die Garnitur:
Beeren nach Belieben | Minzeblättchen | kandierte Veilchenblüten

Für das Eis die Milch mit dem Honig zum Kochen bringen. Eigelbe und Zucker in einem Topf schaumig rühren, dann die kochende Milch unter Rühren drunter geben. Den Topf bei schwacher Hitze auf den Herd stellen und ständig rühren, bis die Masse dickflüssig wird (dabei darf sie aber nicht kochen). Die Creme in ein Sieb geben, abkühlen lassen und unter Rühren das Öl hinzufügen. Anschließend die Eismasse in einer Eismaschine gefrieren lassen.

Für die Tarte den Backofen auf 200 °C Umluft vorheizen. In vier kleinen runden Backförmchen (Ø 10–12 cm) aus Butter und Zucker jeweils Karamell herstellen. Gleichmäßig Aprikosenschnitze zweilagig draufgeben.

Den Blätterteig etwas auswellen und die Früchte damit zudecken. Die Tartes im heißen Ofen 18–20 Minuten backen, bis der Blätterteig goldbraun ist und die Aprikosen weich sind. Dann auf der heißen Herdplatte unter ständiger sanfter Bewegung den entstandenen Saft einkochen (bis kein Saft mehr am Rand der Förmchen zu sehen ist). Die Tartes nacheinander auf einen Topfdeckel stürzen, mit einer Platte auf die Teller heben.

Serviervorschlag: Mit je einer Nocke Olivenöleis möglichst noch warm servieren. Den Teller mit Beeren, Minzeblättchen und kandierten Veilchenblüten ausgarnieren.

98 hungrige Mäuler warten nach dem Konzertgenuss auf die Gaumenfreuden im Gasthaus Stromberg. Die Vorbereitungen in der Küche laufen auf Hochtouren. „Das Ergebnis kann sich sehen lassen“, finden Hera Lind und Ehemann Engelbert Lainer (unten links), der als ehemaliger Hoteldirektor auf Kreuzfahrtschiffen Experte ist, und stoßen auf den gelungenen Abend an.

Gasthaus Stromberg in Waltrop Seit etwa sechs Generationen ist das 700 Jahre alte Fachwerkhaus im Stadtkern von Waltrop im Besitz der Familie Stromberg. Es wird seit 1902 mit Liebe und Leidenschaft geführt. Angefangen mit einer kleinen Bäckerei samt Gastwirtschaft veränderte das „Knusperhäuschen“ – wie es familienintern heißt – mehrmals sein Erscheinungsbild. Seit man 1912 die Bäckerei aufgab, wurde die Gastwirtschaft stetig vergrößert. „Der Kumpel kam vonne Schicht und trank sein lecker Bier“. Der Fußballjunge wurde nach hartem Spiel mit Speis und Trank entlohnt; und selbst Tanz und Tee zeichnet die Geschichte dieses charmanten Gasthauses mitten im Revier aus.

Ab 1978 trafen die ersten Hummer auf „dicke Bohnen“, denn mit Bernhard Stromberg jun. fegte ein kulinarisches Hoch durch das alte Haus. Er modernisierte, baute an und zog mit seiner Kochkunst Gäste aus dem gesamten Umland ins kleine Städtchen Waltrop.

Das schön erhaltene Fachwerkhaus mit großem Gastraum, einem Gesellschaftszimmerchen, dem verwinkelten Restaurant und einer großzügigen Bar wird durch viel Holz und warme Farben geprägt. Eine große, ausfahrbare gläserne Tür sorgt für viel Licht und verbindet im Sommer den Gastraum mit einer begrünten Terrasse mit Kerzenschein.

Erneut steht ein Generationswechsel an: Holger Strombergs Küche hat Einzug gehalten – originell mit traditionellem Einfluss. Der Service ist zuvorkommend und freundlich, die Weinkarte klein aber fein. Und sehr wahrscheinlich wird auch Holger Stromberg das ein oder andere am und im Haus verändern – aber das Knusperhäuschen bleibt !

„Bravo, mon amour“: Ehemann Jean-Louis Daniel genießt Anjas Küche normalerweise im kleinen Kreis zu Hause und ist fasziniert, dass sie für so viele Gäste kochen kann.

Genuss-Marathon im Pott: Aperitif im Hotel Ambiente – Currywurst im Konzerthaus Dortmund – Sternemenü im Gasthaus Stromberg. Kein Problem, sondern nur Begeisterung bei (von links unten im Uhrzeigersinn): Heino Ferch und „Buddy“ Jürgen Schornagl; Michael Mendl und Barbara Rudnik; Sascha Wussow und Lebensgefährtin Gabi Greileder; (rechts oben, von links:) Bernhard Bettermann, Birgitt Wolff und Michael Mendl; (rechts unten, von links:) Martin Semmelrogge, Max Tidof und Moderator Franklin.

Hotel Ambiente in Dortmund Den Traum von den eigenen vier Wänden haben sich Nicola von Tessin und Marc van der Gronden auf ihre Art erfüllt: Sie eröffneten 2002 ihr eigenes Hotel. Und dessen Name ist Programm, denn die Jung-Hoteliers bieten ihren Gästen ein ganz besonderes Ambiente. Inneneinrichter Jeff Gay mischt geschickt schlichte Wohlfühl-Eleganz mit Kunst. Ungewöhnlich die moderne mediterrane Atmosphäre und die ruhige Lage des Hotel Ambiente – mitten im Grünen und doch nah am Dortmunder Flughafen, am Messegelände und am Stadtzentrum. Durch wechselnde Ausstellungen namhafter Künstler schaffen die jungen Leute Profil. Jedes der 36 Zimmer verfügt nicht nur über ein besonders großzügiges Badezimmer, sondern auch über einmalige Kunstobjekte. Die vier Sterne stehen unter anderem für den 24-Stunden-Service der beiden Besitzer und ihres extrem freundlichen Personals. Eine Bar, die rund um die Uhr geöffnet ist und Nachtschwärmern selbst morgens um sechs Uhr die kleine Karte serviert, ist eher ungewöhnlich und spricht für das „Willkommen-zu-Hause"-Gefühl. Im hauseigenen Restaurant Mondavy kann man Küchenchef Christian Neuhaus und Fabrizio Balbo durch die offene Küche zusehen, wie sie ihre originellen Gerichte, die preislich durchaus erschwinglich sind, zubereiten. Für den schnellen Gast, der Business, Entspannung und Genuss in 24 Stunden packen will, das ideale Ambiente.

Mezze M'schewel
Karottensalat arabisch

*

Goi Cuon
vietnamesische Frühlingsrollen

*

Lamm Tajine à la Marrakesch
Shirin Polo
Persischer Reis

*

Gelato con frutte
Eis mit Früchten

Aperitif
Mimikri (alk.)
Alle 2 glücklichen Gäste Tahiti's
Monkey (alkoholfrei)

Chardonnay 2000 Turning Leaf
Ernest * Julio Gallo, California

Cabernet Sauvignon 1998
Woodbridge Twin Oaks
Robert Mondavi, California

München

Ralf Bauer

Trader Vic's im Hotel Bayerischer Hof in München

Ich wollte ein bisschen zurückgeben

Trader Vic's im Hotel Bayerischer Hof in München
Als die europäischen Seefahrer die Inselwelt der Südsee entdeckten, schien es, als hätten sie das Paradies auf Erden gefunden: schöne Menschen mit exotischen Blüten im Haar, traumhafte Strände, ein immer blaues Meer. Da haben es die Münchner leichter: Sie müssen nur ins Trader Vic's gehen, das im Keller des Hotels Bayerischer Hof seit 30 Jahren diesen Hauch von Südseezauber verbreitet: ausgestopfte Kugelfische, Orchideen, Rattan- und Bambusmöbel und mannshohe Tiki-Figuren, aus dunklem Holz geschnitzte Götterfiguren, exotische Rum-Drinks in verzierten Bechern und eine interessante Mischung aus hawaiianischen, tahitianischen, samoanischen und asiatischen Speisen.
So gibt es denn auch unter den 75 Drinks einen, der „nicht von dieser Welt" ist – das bedeutet auf Tahitianisch „Mai-Tai", eine Erfindung von Victor Jules Bergeron, der 1938 aus seiner kleinen kalifornischen Bar „Hinky Dinks" mit polynesischer Einrichtung das Trader Vic's entwickelte. Das Konzept wurde ein Renner, und „Trader" Vic Bergeron eröffnete ein Lokal nach dem anderen. 1963 schwappte die Tiki-Begeisterung auch nach Europa: Das erste Lokal eröffnete in London, das zweite in München – heute ist es eine international etablierte Restaurant-Kette. Das Münchner Trader Vic's mit seinem perfekt geschulten Personal, das zum Großteil von Südsee-Inseln stammt, und seinem türkischen Chefkoch Tahsin Pehlevan, hat sich zum beliebten Treffpunkt für Tiki-Szene, Touristen und Stars entwickelt.
Als Hauptgang sind Spezialitäten aus dem chinesischen Ofen ein Muss. Der runde, gemauerte Ofen wird nur mit Holz geheizt und erreicht eine Hitze von bis zu 500 Grad. Dadurch schließen sich die Poren von Fisch und Fleisch sofort, sodass die Speisen im eigenen Saft garen und ganz zart bleiben.
Für Ralf Bauers „Essen ohne Grenzen" machte das Kult-Lokal eine Ausnahme: Er durfte das Trader Vic's in eine Art Beduinenlager verwandeln und einen Tag lang Herr über die Küche sein. Das Miteinander der Gäste und Kellner vor und hinter den Kulissen, die Weltoffenheit des Schauspielers und seine Begabung, Menschen verschiedener Religionen und Weltanschauungen zu vereinen, machten das „Cooking for Friends" zu einer der unkompliziertesten Veranstaltungen, die der Bayerische Hof je hatte.

Mit meinem Willkommensbrief an meine Freunde und Gäste war eigentlich schon gesagt, was „Cooking for Friends" für mich bedeutet, deshalb möchte ich ihn hier nochmals wiedergeben:

> „Im Zuge der Globalisierung, wo es nur um Macht und Geld geht, hatte ich nach dem 11. September 2001 das Gefühl, dass die Welt jetzt auch vom Geiste und vom Mitgefühl zusammengerückt war.
> Die ganze Welt trauerte mit den Opfern und deren Angehörigen und eine tagelange Ohnmacht, ob dieser Geschehnisse, überkam uns. Dies alles zeigte mir, dass wir alle die Möglichkeit des Mitgefühls in uns tragen.
> Warum aber nutzen wir diese Möglichkeit des Mitgefühls erst nach solchen schrecklichen Gräueltaten oder Katastrophen, wie die der Flut z. B., deren Konsequenz wir immer noch spüren?
> Viele meiner Freunde mussten aus ihrem Land, ihrer eigenen Kultur – unter Zurücklassung ihres gesamten Hab und Guts, manchmal auch der ganzen Familie, fliehen, um hier in Deutschland Zuflucht zu finden.
> Doch trotz ihrer schwierigen Situation in einem fremden Land, mit einer unbekannten Sprache, einer anderen, manchmal misstrauischen beäugten Religion, war ich es, der bei ihnen als Bruder, Sohn, Freund aufgenommen wurde und mit dem sie alles, auch wenn es nur wenig war, geteilt haben.
> Und ein kleines Stück gebe ich nun zurück und weiter an Euch alle. Denn alles, was wir säen, werden wir eines Tages auch ernten."

Ich verreise sehr oft in andere Länder und ich weiß, wie schön es sein kann, wenn man sich in einer fremden Kultur befindet und Menschen aus dieser fremden Kultur, diesem fremden Land, wo ich dann der Ausländer bin, mit ein paar freundlichen Worten auf dich zukommen. Es ist das Mitgefühl gegenüber jedem Lebewesen. Wenn ich mich in etwas hineinversetze – was mein Beruf bedingt –, zum Beispiel in Menschen, die nicht hier mit dieser Sprache aufgewachsen sind, dann merke ich, wie froh sie sind über diese Geste des Kontaktaufnehmens. Das habe ich schon immer gemacht.
Mein „Cooking for Friends" stand unter dem Motto „Kochen ohne Grenzen". Das kann viel heißen. Um es genauer zu definieren, habe ich meine Freunde eingeladen: den Mark, den Jay, den Pat, den Rolf und den Boris – alles Musiker mit Leib und Seele, die eigentlich auch für Musik ohne Grenzen stehen. Ich finde es immer eine gelungene Unterhaltung, die Dinge zu mischen, wie bei Pomp Duck & Circumstance, wo man eben neben

Promiverwöhnt. Im Hotel Bayerischer Hof in München finden die meisten Events statt, auch der Filmball. Abendlicher Limousinenservice ist zur Dauereinrichtung geworden.

TRADER VIC'S

TRADER VIC'S

den Gaumenfreuden auch noch ein bisschen zum Denken angeregt wird. Und weil mir der Tag so wichtig war, an dem ich Menschen, Freunde, aus 15 unterschiedlichen Nationen zu Gast hatte, wollte ich ein bisschen was zurückgeben von dem, was sie mir und vielleicht uns allen in Deutschland gegeben haben: Unterhaltung, die mit diesem Rahmen zu tun hat, Gedichte, Musik, die sich mit dem Grundthema auseinander setzt – mit Liebe, mit Fremdenfreundlichkeit; liebe deinen Nächsten wie dich selbst. Dafür danke ich meinen Musikerfreunden sehr. Weil sie das einfach so toll gemacht haben, die passenden Stücke rausgesucht haben, und weil es mir bei dem Stück „That's what friends are for" wirklich die Tränen in die Augen getrieben hat. Denn genau darum geht es. In extremen Situationen merkt man ja eigentlich erst, wo die Freunde sind – was sie machen, wenn man in Not ist.

Dies hat bei allen einen bleibenden Eindruck hinterlassen. Heute noch bedanken sich meine Gäste, wenn wir uns irgendwo wieder sehen, für diesen Tag.

Der 6. Oktober 2002 war wie eine innere Vision, ein Bild mit vielen kleinen Einzelheiten, die einer langen Vorbereitung bedurften.

Eine Kultur, die mir sehr nahe steht, ist die persische. Die Perser – mittlerweile habe ich unter ihnen einige Herzensfreunde gefunden – sitzen beim Essen sehr viel auf dem Boden. Ich fand es einfach eine schöne Geste, die Umgebung mit meinen persönlichen Teppichen, Kissen und Beistelltischen aufzulockern, neu zu gestalten. Andernfalls wäre das Trader Vic's für das, was ich wollte und was zu mir als Person passt, wohl etwas zu steif gewesen.

Bei den Arabern ist die Gastfreundschaft immens groß geschrieben. Wer dort als Gast ankommt, darf und soll sich um nichts mehr kümmern. So stellte ich mir das für mein Essen auch vor.

Dabei war mein Vorhaben gar nicht so einfach. Ich wollte Spezialitäten aus den unterschiedlichsten Ländern präsentieren. Es ist einfacher, wenn man sagt, man kocht zum Beispiel vietnamesisch: Dann macht man Vor-, Zwischen- und Nachspeise, und alles passt zusammen. Aber bei meinem Anspruch hat es doch ein bisschen länger gedauert, bis ich auf einen grünen Pfad gekommen bin. Ich wollte die Zutaten unbedingt selbst einkaufen. Doch die musste ich erst mal finden in einer Stadt, in der ich zwar mal gelebt habe,

Wie Vater und Sohn: Abends stehen Blacky Fuchsberger und Ralf Bauer im „Priestermacher" in der Kleinen Komödie im Bayerischen Hof auf der Bühne und mittags kocht Ralf für Blacky: „Abends essen ist ungesund".

„Kochen ohne Grenzen": Dieses Bild war auf Ralfs Einladungskarte.

wo ich mich aber nicht mehr so gut auskannte. Wo bekomme ich für den persischen Reis guten Safran her? Denn Safran ist nicht gleich Safran, es gibt ganz exklusiven, der wegen seiner Herstellung extrem teuer ist. Pfeffer ist auch nicht gleich Pfeffer. Es gibt so viele unterschiedliche Pfeffersorten, weißen und schwarzen, und beim schwarzen Pfeffer gibt es große Geschmacksunterschiede, je nachdem, ob er frisch gemahlen oder schon vorgemahlen ist.

Durch meine verschiedenen Reisen habe ich viel gelernt. In Ägypten nimmt man meistens weißen Pfeffer; das Essen schmeckt dann gleich anders. Beim persischen Reis ist der Unterreis, „tartique", ganz wichtig, aber nicht leicht zu bewerkstelligen – denn jedes Haus hat eine andere Wasserqualität, jeder Topf und jeder Herd ist anders. Und bei diesem Reis ist es wichtig, dass er unten anbrennen muss, aber nicht verbrennen darf. Das muss man einfach vorher ausprobieren.

Mir war auch ganz wichtig, wo das Fleisch herkommt. Ich habe es aus dem Elsass in den Bayerischen Hof liefern lassen. Ich wollte einfach alles kontrollieren. Es ist doch so: Du sagst jemandem etwas und der nimmt natürlich seinen Anspruch von Qualität als Messlatte. Der muss aber nicht unbedingt mit deinem übereinstimmen. Der eine mag lieber den Lachs aus dem Supermarkt, ich mag lieber den Biolachs aus Irland. Das muss nicht bewertend sein, das ist Geschmacksache.

Meine Mutter hat mir gesagt, dass ich mit zwölf Jahren als einziger Junge einen Kochkurs in der Schule mitgemacht habe. Ich habe auch schon früh zu Hause gekocht. Es gibt Fotos, wie ich als Bubi meine gebratenen Schnitzel präsentiere. Das hat sich dann weiter entwickelt, weil ich immer schon viel alleine gewesen bin. Als ich meine erste eigene Wohnung in Hamburg hatte und viel Sport machte, gehörte es dazu, etwas Gesundes zu essen und Salate, Gemüse und Fleisch selbst zuzubereiten. Ich stand nie auf Mikrowelle und Ravioli aus der Dose. Ich bin einfach fürs Selbermachen geschaffen, dann weiß ich auch, was drin ist im Essen.

Letztendlich war mein „Cooking" eine Abenteuerreise – nicht nur mit mir selbst.

Ein toller Tag, auch wenn er sehr anstrengend war. Ich bin nachts zuvor spät ins Bett gegangen, nach meiner vorläufig letzten Vorstellung vom „Priestermacher" mit Blacky Fuchsberger in der Komödie im Bayerischen Hof. Es waren schon viele Freunde im Theater,

Blacky Fuchsberger schreibt mit Ehefrau Gundel ins Gästebuch: "Gut, mein Vizesohn. Du kannst nicht nur Deine Freunde ernähren! Wir lieben Dich."

aus Hamburg, Baden-Baden, Pforzheim und Münster; die wollten feiern. Um sieben Uhr wieder aufstehen, denn meine Hilfsköche standen pünktlich um acht in der Küche vom Trader Vic's, um bis Mittag fertig zu sein: mein lieber Kapuzinermönch Fra Bruno aus Münster (wir haben uns in Rom kennen gelernt und viel miteinander erlebt), Duc Hung Nguyen aus Vietnam, Low aus Malaysia, Nikarang Sanyang aus Gambia, der Chefkoch vom Bayerischen Hof, Tahsin Pehlevan, und nicht zuletzt meine Mutter und meine Freundin Paulina. Alles ging Hand in Hand, das Personal vom Trader Vic's, meine Freunde, Blacky und Gundel, die wie Eltern für mich sind, meine Musiker – besser hätte es nicht sein können.
Es war ein voller und reicher Tag. Nicht viele Tage sind so.
Es war schön für mich, dass die Veranstalter mich einfach laufen ließen, ohne zu wissen, was da eigentlich auf sie zukommen würde. Auch das ist Freundschaft: Vertrauen. Das war das Geschenk von Davidoff an mich, dass sie gesagt haben, „okay, der Bauer wird das schon richtig machen". Das sind Sachen, die für mich zurückbleiben. Wenn jemand Vertrauen in einen hat, gibt einem das sehr viel Kraft. Diese Kraft kann man wieder nutzen und an andere Menschen weitergeben.

Sechs Nationen vereint am Herd: Rendy Low aus Malaysia, Chefkoch Tahsin Pehlevan aus Persien, der Franziskanermönch Fra Bruno aus Münster, Ralf, Duchung aus Vietnam und Nkarang Sanyang aus Gambia.

Ralf kauft im Asia Markt auf der Rosenheimer Straße ein: „Ich teile gern! ...

... Dies für den und das für jenen, ...

... keine Zunge soll verhöhnen,
was den anderen Zungen schmeckt."

... viele Tische sind gedeckt, ...

Hezzu M'schermel
Karottensalat arabisch

6 Karotten, geschält und in dünne Scheibchen geschnitten | 3 Knoblauchzehen, fein gehackt 1 TL süßes Paprikapulver | 1 TL Zucker | 60 ml Wasser | 1 EL Rotweinessig | Salz | 1 EL fein gehackte, glatte Petersilie zum Bestreuen

Die Karotten, den Knoblauch, das Paprikapulver, den Zucker und das Wasser in einem kleinen Topf zugedeckt erhitzen. Bei Mittelhitze 12–15 Minuten schmoren lassen, bis die Karotten leicht karamellisiert sind. Den Essig zufügen und noch 1 Minute köcheln lassen. Vom Herd nehmen und salzen.

Serviervorschlag: Die Karotten in einer Schüssel anrichten, nach dem Abkühlen mit Petersilie bestreuen und servieren.

Getränkeempfehlung: Menuhene – die zwei glücklichen Geister von Tahiti

1 Limone | 1,5 cl Curaçao Orange | 0,75 l Orzatsirup | 6 cl heller puertoricanischer Rum

Die Limone über geschabtes Eis in ein Mai-Tai-Glas (Double old fashioned) gießen und eine Schalenhälfte aufbewahren. Die übrigen Zutaten und genügend geschabtes Eis hinzufügen, um das Glas zu füllen. Mit der Hand schütteln, mit der Limonenschale, frischer Minze und einem Menehune garnieren.

Guacamole und Zaziki – Dips aus Mexiko und Griechenland

Guacamole:

2 reife Avocados | ¾ Zitrone | Pfeffer

Avocados entkernen, enthäuten und mit einer Gabel zerdrücken. Zitrone und Pfeffer dazu und verrühren.

Zaziki:

250 g türkischer/griechischer Joghurt | 2–5 gepresste Knoblauchzehen | ¼ Gurke

Alles miteinander vermischen. Mindestens 2 Stunden stehen lassen.

Goi Cuon –
Vietnamesische Frühlingsrollen

Für die Füllung:

125 g getrocknete Reis-Vermicelli, 15 Minuten in warmem Wasser eingeweicht | 500 ml Hühnerbrühe | 2 TL Fischsauce | ¼ TL Zucker | 1 Prise frisch gemahlener Pfeffer | 375 g Schweinelende ohne Knochen, am Stück | 12 große Garnelen 12 getrocknete runde Blätter Reispapier (Ø 20 cm) | 12 große, zarte Blätter von rotem Salat, feste Mittelrippen entfernt | 1 Möhre, geschält, in Julienne geschnitten und mit 1 TL Zucker vermischt | 125 g Yamsbohne, in Julienne geschnitten | Blätter von 1 kleinem Bund frischer Minze | 12 frische Dillstängel | 12 frische Korianderstängel

Für den Dip:

1 EL Pflanzenöl | 4 Knoblauchzehen, gehackt 80 ml Hoisin-Sauce | 1 EL Fischsauce | 1 EL Zucker | 1 TL Chilipaste | 125 ml Hühnerbrühe 30 g ungesalzene Erdnüsse, trocken geröstet und gehackt

Für den Dip das Öl in einem kleinen Topf bei mittlerer Temperatur erhitzen. Den Knoblauch zufügen und unter häufigem Rühren in etwa 30 Sekunden leicht anbräunen. Hoisin- und Fischsauce, Zucker und Chili- oder Bohnenpaste gründlich einrühren und alles 15 Minuten köcheln lassen. Die Hühnerbrühe einrühren – die Mischung sollte eine dicke, cremige Konsis-

tenz erhalten. Die Erdnüsse unterziehen, den Dip abkühlen lassen und auf einzelne kleine Teller verteilen.
Für die Füllung einen großen Topf zu drei Vierteln mit Wasser füllen und dieses zum Kochen bringen. Die Reisnudeln abseihen, ins sprudelnde Wasser geben und in etwa 2 Minuten bissfest garen. In ein feines Sieb geben und gründlich unter kaltem Wasser abspülen. Gut abtropfen lassen, beiseite stellen und gelegentlich durchmischen, damit sie nicht zusammenkleben.
In einem Topf die Hühnerbrühe bei hoher Temperatur zum Kochen bringen. Fischsauce, Zucker, Pfeffer und Fleisch hineingeben. Das Ganze wieder aufkochen und dann bei mittlerer Temperatur etwa 20 Minuten köcheln lassen, bis das Fleisch seine rosa Farbe verliert und fest wird. Das Fleisch aus der Brühe nehmen, abkühlen lassen. In Streifen von 2 cm Breite und 5 cm Länge schneiden.
Einen Topf zu drei Vierteln mit Wasser füllen und aufsetzen. Sobald das Wasser sprudelt, die Garnelen hineingeben und 1–2 Minuten garen, bis sie sich orangerot verfärben. Abseihen und abkühlen lassen. Schälen, entdarmen, längs halbieren und beiseite legen.
Für die Herstellung der Frühlingsrollen ein Blatt Reispapier auf eine ebene Arbeitsfläche breiten. Bei ausreichendem Platz 1–3 weitere Blätter mit etwas Abstand daneben auslegen. Das Reispapier mit einem Backpinsel großzügig mit warmem Wasser bestreichen und 30 Sekunden oder auch länger warten, bis es weich ist und sich wie feuchtes Küchenpapier anfühlt. Alle Blätter bis auf eines mit einem feuchten Küchentuch abdecken.
Auf das untere Drittel des unbedeckten Stück Reispapiers ein Salatblatt legen. Darauf etwa 2 Esslöffel Reisnudeln, einige Fleischstreifen, etwas von der Karotte und der Yamsbohne, einige Minzeblätter und einen Dillstängel geben. Das untere Ende so über die Füllung legen, dass diese zur Hälfte bedeckt ist und einen Wulst bildet. Die seitlichen Ränder darüber legen, um die Füllung einzuschließen. Zwei Garnelenstücke und einen Korianderstängel auf die Füllung geben. Den Teigrand am oberen Ende mit Wasser anfeuchten und das Ganze nach oben zusammenrollen. Die fertige Frühlingsrolle auf ein mit Klarsichtfolie ausgelegtes Tablett legen und mit einem feuchten Küchentuch bedecken. Die übrigen Frühlingsrollen genauso herstellen.

Serviervorschlag: Die Frühlingsrollen in drei Stücke geteilt oder im Ganzen auf einer Servierplatte anrichten. Die Teller mit dem Dip auf dem Esstisch verteilen. Man isst die Frühlingsrollen aus der Hand und tunkt sie vor jedem Bissen in die pikante Mischung.

Weinempfehlung: Chardonnay 2000 Turning Leaf, Ernest & Julio Gallo, California – trocken – reife Geschmacksnoten von grünem Apfel und tropischer Birne, milde Eichen- und Butternoten

Lamm Tagine à la Marrakesch mit *Shirin Polo*, persischem Reis

1 kg Lammfleisch (aus der Schulter oder dem Schwanzstück) in Stücke geschnitten | 50 ml Öl 1,5 Zimtstangen | Salz | ½ EL gemahlener Zimt 1 Prise Safran | ½ TL gemahlener Paprika | ½ TL gemahlener Ingwer | ½ TL frisch gemahlener Pfeffer | 1 kg Zwiebeln | 2 Tomaten

Die Tagine, ein vor allem für Marrakesch typisches Gericht aus Hammel- oder Kalbfleisch, Ingwer, süßem Paprika, Koriander und Safran, galt früher als Junggesellengericht und ist besonders bei Studenten und Intellektuellen der Medresen beliebt, denn sie ist genauso schmackhaft wie einfach zuzubereiten.

Fleisch, Öl, Zimtstangen, Salz und die Hälfte der Gewürze in einen großen Topf geben, gründlich vermengen und das Fleisch gleichmäßig auf dem Topfboden ausbreiten.
In einer Schüssel die restlichen Gewürze mit ¼ Liter Wasser verrühren. Die Zwiebeln schälen und quer in 2–3 Teile schneiden. Die Tomaten waschen und halbieren. Die Zwiebelstücke in die Wasser-Gewürzmischung tauchen und mit der geraden Seite nach unten gleichmäßig auf dem Fleisch verteilen. Mit den Tomatenhälften, Schnittseite nach unten, bedecken. Den Topf mit einem Deckel verschließen und den Inhalt bei lebhafter Hitze, ohne umzurühren, 1 Stunde kochen lassen.

Fleisch und Gemüse in gleicher Reihenfolge in eine Tagine (oder eine andere ofenfeste Form) einschichten (das Fleisch zuunterst, darüber die Zwiebeln und Tomaten). Dieser Vorgang ist etwas heikel. Am besten einen Schaumlöffel zu Hilfe nehmen.
Das Gericht mit der Garflüssigkeit übergießen. Überschüssige Sauce beiseite stellen und, falls nötig, zum späteren Übergießen verwenden. Die Tagine im Ofen bei 210 °C in 30–45 Minuten garen.
Sobald die Zwiebeln weich und goldgelb sind, die Tagine aus dem Ofen nehmen und die Garflüssigkeit vorsichtig zu der verbleibenden Sauce geben. Die Sauce in einer Kasserolle bei großer Hitze einige Minuten auf die gewünschte Konsistenz einkochen lassen. Sie sollte schön sämig sein.

Persischer Reis:
2 Becher Reis | 3 TL Butter | Safranfäden | Pfeffer | Salz. Wichtig: Teflontopf, Geschirrhandtuch

Den Reis mit ca 2 ¼ Liter kaltem Wasser in einen Topf geben, 1 Teelöffel Butter hinzugeben, salzen und pfeffern. Bei fast höchster Stufe zum Kochen bringen. Wenn der Reis kocht, 2-3-mal umrühren und so lange köcheln lassen, bis das Wasser fast verdunstet ist.
Den Reis in ein Sieb geben, abspülen, ca. 10 Minuten abtropfen lassen. 1–2 Teelöffel Butter im Teflontopf schmelzen. Ca. ¼ TL Safran über den ganzen Topfboden zerkrümeln. Den Reis jetzt vorsichtig darüber geben. ½ Becher Wasser hinzuschütten.
Den Deckel des Topfes mit dem Geschirrhandtuch umwickeln, auf den Topf legen und den Topf wieder auf den Herd stellen. Auf kleiner Flamme ca. 35–45 Minuten auf dem Herd stehen lassen.
Der Safran, die Butter und die unterste Schicht des Reises sollten jetzt miteinander verbrennen, aber nicht anbrennen. Es gibt dann eine Art „Unterreis“, das Spezielle am persischen Reis. Man muss wirklich aufpassen, dass der Reis nicht anbrennt, und das hängt vom jeweiligen Topf und Herd ab. Man sollte es einfach ausprobieren und lieber ein bisschen Zeit einberechnen und die Wärmestufe gering halten.

Serviervorschlag: Das Taginegericht mit der Sauce überziehen und heiß mit persischem Reis servieren.

Weinempfehlung:
Cabernet Sauvignon 1998, Woodbridge Twin Oaks, Robert Mondavi, California – trocken, harmonischer Barriqueausbau – Komplexe von roten Beeren, feine Tannine

Gelato con frutta – Eis mit Früchten

4 Eier | 1 Vanilleschote oder 1 Päckchen Vanillezucker | 150 g Zucker | 1,5 l Sahne | Obst der Saison

Die Eier trennen; das Eiweiß in den Kühlschrank stellen.
Die Eigelbe zusammen mit dem Zucker, dem Vanillezucker (oder dem Mark der Vanilleschote) cremig schlagen. Dann das Eiweiß steif schlagen und beiseite stellen.
Die Sahne steif schlagen und unter die Eigelbmasse ziehen. Am Schluss den Eischnee dazugeben. Alles in eine gekühlte Form geben und für 4–6 Stunden ins Tiefkühlfach stellen.

Serviervorschlag: Das Vanilleeis mit den Früchten der Saison garnieren und sofort servieren.

Jede Küchenhilfe zählt. Auch Ralfs Mutter und Agentin Anna Scheefeld muss ran.

„Don't tell mama": Ralf und seine engsten Freunde aus Baden-Baden, das Erfolgsduo Marc Marshall & Jay Alexander.

Seine Liebe verbindet die Menschen, denn Ralf Bauer sieht mit dem Herzen gut: 15 Nationen teilen ihr Essen im Trader Vic's.

KÜRBISSUPPE

VIRGINIA'S THANKSGIVING TRUTHAHN MIT BRÄT-SOßE

TANTE WONNIE'S MAISBROT FÜLLUNG

CRANBERRY SAUCE

FRITTIERTE OKRA AUS DEN SÜDSTAATEN

AMY'S MAISPUDDING AUS KENTUCKY

AMY'S OBERSÜSSER SÜSSKARTOFFEL-AUFLAUF

KARTOFFELPURÉE

TANTE JOYCE'S BRATÄPFEL

AMY'S ANGELSBRÖTCHEN

KÜRBISKUCHEN

CHANDON CALIFORNIA SPARKLING

1999/2001 FRENCH COLOMBARD OAKWOOD WINERY

2000 ZINFANDEL OAKWOOD WINERY

Hamburg

Johnny Talbot und Adrian Runhof

Dorint Am Alten Wall in Hamburg

Kochen ist wie Mode machen

Dorint Am Alten Wall in Hamburg Neugier, Erlebnis. Arbeiten, genießen. International, medial. Schlagworte der modernen Großstadt. Also auch Fixpunkte für ein Hotel in einer solchen Stadt?
Das Dorint-Hotel Am Alten Wall in Hamburg hat in Design und Stimmung ganz bewusst diese Aspekte aufgegriffen und interpretiert.
Verantwortlich für das gestalterische Konzept des ehemaligen Postsparkassenamtes am Alsterfleet zeichnen die Mönchengladbacher Interieur-Designer Harald Klein und Bert Haller. Ihr Entwurf ist eine bewusste „Enttäuschung" der Gästeerwartungen an ein Business-Hotel. An die Stelle des Üblichen treten hier ein Dialog von Extremen, Großzügigkeit und ein durchgängiges Art Concept.
So lebt das Fünf-Sterne-Haus unter anderem durch seine intensive Materialsprache: Rohe Elemente wie Sichtbeton oder Filz stehen stimmungsbildend neben fein bearbeiteten Werkstoffen wie Nussbaumfurnier oder Marmor. Farbe findet nur als sinnlicher Akzent statt, es dominieren Weiß- und Grautöne.
Für einen medialen Touch sorgt die Fotoarbeit „Private Life" des Berliner Künstlers Martin Mlecko, der mehr als 300 künstlerisch bearbeitete Fotografien im Hotel installiert hat.
Hochwertig und anders auch das Spa. Es entstand in Zusammenarbeit mit dem Schweizer Spezialisten J. G. Hallwachs und setzt konsequent die Idee der Ganzheitlichkeit um, die ein Spa über eine Sportanlage hinausgehen lässt: ob im japanischen Bad, in der römischen Sauna, bei Fitness oder dem Schwimmen im Pool, der nur über einen langen, gewundenen Canyon zu erreichen ist.
Was für die öffentlichen Bereiche und die 241 Zimmer und Suiten des Hotels gilt, setzt sich natürlich auch in der Gastronomie fort:
Im Fine-Dining-Restaurant „Ticino" und im A-la-carte-Restaurant „Seagull" sorgt Küchenchef Sascha Baum für Begegnungen zwischen Europa und Asien. Daneben stehen Businessgästen und Cityschwärmern das „Stadtbistro" von Josef Viehhauser, berühmt durch sein Sterne-Restaurant „Le Canard", und die „Seven Heads Bar" zur Auswahl.

Kochen ist für uns wie Mode machen: Scheue keine Mühen und Kosten und besorg' dir die besten Zutaten der Welt – wenn es sein muss, direkt vor Ort in Frankreich, Italien oder der Schweiz. Denke dir eine raffinierte Verarbeitung aus, nimm bisweilen üppige Mengen, aber belasse ihnen ihren eigenen Charakter. Doch vor allem: Überrasche dich und dein Publikum mit eigenwilligen Kombinationen! Auf diese Weise tischen wir groben Tweed mit feinen Pailletten auf, Blumenmuster mit Camouflage, gewaschene Baumwolle mit Chantilly-Spitze – oder Schweinemedaillons mit Thunfischsauce, Hühnchenfilets mit Aprikosen-Thymian-Chutney oder frittierten Saint Félicien mit Pfefferminzgelee. Aber wir wären nicht wir, würden wir nicht zu den entscheidenden Gelegenheiten unserem Motto treu bleiben: „It's all about knowing where to stop ..." Genauso sehr, wie zu Weihnachten der rote Nikolausmantel mit Wattebart gehört, genauso wenig gehören nämlich Hummerschaum und Kresseflan zu einem Thanksgiving-Dinner. Bei einem solchen Anlass ist Tradition angesagt und es gilt, sich mit Freunden und Familie den Erträgen aus Ackerbau und Viehzucht zuzuwenden und sich opulent und gnadenlos für die Mühen des zurückliegenden Jahres zu entschädigen. Wie gut also, dass einer von uns Oma, Mutter, Tante und Schwester mitten in Tennessee hat und so über einen reichhaltigen Fundus adäquater Rezepte verfügt. Wie gut auch, dass der andere so glänzende Kontakte zu den Profis des Metiers im Hamburger Dorint Am Alten Wall unterhält – denn wenn Können, Organisationstalent und Kreativität gefragt sind, muss einer wie Sascha Baum her!
Wie sich ahnen lässt, gehört zu unseren vergnüglichsten Tätigkeiten der Material-Einkauf, zumal wenn er sich in rauhen Mengen abspielen darf. In den Salons der Pariser Stoffmanufakturen geschieht dies bei Champagner und Canapées zur Happy Hour. Doch so lange werden die sechs besten Truthähne der Stadt nicht auf uns warten! Also gilt es, im Morgengrauen das Hamburger Frischeparadies zu erkunden und zwischen Fässern mit edelsten Fischen, Säcken betörendster Gewürze und Kisten exotischster Früchte die richtige Auswahl an Okra, Cranberries, Mais, Ingwer, Kürbisöl, Pekannüssen, Äpfeln, Vanillestangen und was sonst noch für ein Elf-Gänge-Menü gebraucht wird, zu treffen – wie sehr doch Frühaufstehen belohnt werden kann! Aber das Pensum erlaubt keine Ruhepause: Zurück im Dorint träumen wir von krossem Bacon und Frühstücks-Toast – doch Sascha Baum wetzt schon die Messer und wartet auf fünf Kilo Kürbiswürfel und 30 Kilo geschälte und geriebene Sweet Potatoes ... Was sind schon zwölf Stunden Vorbereitung, wenn die Ernte eines ganzen Jahres auf den Tisch kommen soll. Ein Brautkleid schneiden wir schließlich auch nicht drei Stunden vor der Trauung zu ...

Der ungewöhnliche Eingang in die Welt des Spas des Dorint Am Wall.

Einkaufen im Hamburger Frischeparadies um sechs Uhr morgens wird mit reicher Beute belohnt: Sascha Baum, Adrian Runhof und Johnny Talbot.

Servieren in der Herbstkollektion – mit süßen und leckeren Farben wie Toffee, Punsch und Puderzucker.

Adrian und Johnny ergattern die sechs besten Truthähne der Stadt!

Essen zwischen hochwertigen Kleidern: Das Thanksgiving-Dinner in der erfolgreichen Hamburger Boutique von TALBOT RUNHOF mit zum Interieur passender Tischdekoration in „purple and orange".

Wie man weiß, isst das Auge mit, und noch mehr als delikates Essen erwarten unsere Freunde immer einen überraschend gedeckten Tisch von uns. Den hielten wir diesmal aber schlicht und weiß, mit wenigen Akzenten in „purple and orange“, konzentrierten uns dafür aber auf eine dekorative Gästeschar aus alten und neuen Freunden und ein ungewöhnliches Drumherum: unsere Hamburger Boutique mitsamt der neuen Kollektion in warmen, süßen und leckeren Farben wie Toffee, Punsch und Puderzucker.
Der herrlich würzige Wein und die drangvolle Enge taten ihr Übriges, damit alle zusammenrückten und sich wohlfühlten. Was braucht man da noch außer einem aromatischen Kaffee und einer Davidoff-Zigarette, bevor man in sein weiches Kissen sinkt und einfach dankbar ist ...

Sascha Baum: Die Lust der Begegnung Essen – auch gutes Essen – kann eine sehr einseitige Angelegenheit sein. Oder eine Begegnung. Bei der von Überraschung bis Bewunderung alles drin ist. Sascha Baum, Chefkoch im Dorint Am Alten Wall Hamburg, sorgt für Letzteres.
Eigentlich sollte er Versicherungskaufmann werden, doch durch die elterliche Gaststätte in Krefeld wird er früh mit der Gastronomie konfrontiert – und von ihr nicht mehr losgelassen.
Sascha Baum beginnt seine Laufbahn im Krefelder Traditionslokal „Schwarzes Pferd“ und entwickelt schnell ein Talent, das im Innovationsstreben der modernen Cuisine selten geworden ist: die Zubereitung von Rustikalem auf höchstem Niveau. Der junge Koch-Azubi fällt auf, nimmt an Wettbewerben teil, wird Krefelder Stadtmeister und bester Jungkoch Nordrhein-Westfalens.
Es folgen die typischen Wanderjahre seiner Profession, die ihn ins Hilton nach Düsseldorf, zu Steigenberger nach Gran Canaria, ins Essener Sheraton, zu Käfer nach München und schließlich zu Dorint nach Neuss führen.
Hier entwickelt Sascha Baum seinen persönlichen Stil – einen Stil, der die Begegnung in den Vordergrund stellt: die Begegnung der kulinarischen Kulturen, insbesondere der europäischen und asiatischen.
Die euro-asiatische Küche auf hohem Niveau, heute in fast aller Munde, ist 1998 noch lange nicht so weit und hat im nicht wirklich weltstädtischen Neuss einen reichlich exotischen Beigeschmack. So spricht es Bände für den Chefkoch, dass sich das Hotel zwei Jahre später als kulinarische Spitzenadresse etabliert hat.
Daneben sorgt er mit Johannes King und anderen Dorint-Chefköchen für kulinarische Überraschungen bei zahlreichen Top-Events.
2001 verlässt Sascha Baum Neuss in Richtung Hamburg, wo sich seine Küche ideal mit dem modernen, offenen und internationalen Stimmungsbild des Hotels Am Alten Wall verbindet. Sein Rezept ist dabei so einfach wie kompliziert: frische Zutaten, frische Zubereitung – und nie die Lust an der Begegnung verlieren.

„Thanksgiving is about reflecting on the things we should be thankful for. Come dine with us“: Adrian, Sascha and Johnny.

Kürbissuppe

300 g Kürbiswürfel | 50 g Karotten, gewürfelt
50 g Sellerie, gewürfelt | 50 g Butter | 100 ml Weißwein | 100 ml Brühe | Kürbiskernöl zum Abschmecken | Salz | Pfeffer | 40 g Kürbiskerne

Kürbis sowie Karotten- und Selleriewürfel in Butter farblos anschwitzen. Mit Weißwein ablöschen und mit der Brühe auffüllen. Wenn die Zutaten weich sind, alles pürieren. Mit Kürbiskernöl, Salz und Pfeffer abschmecken. Kürbiskerne in der Pfanne rösten und später über die Suppe streuen.

Virginia's Thanksgiving-Truthahn

Truthahn

Es ist natürlich nicht einfach, einen kleinen Truthahn zu bekommen, die meisten sind ausgewachsen und für 8 Personen. Die anschließenden Portionierungen sind trotzdem für 4 Personen gedacht.

1 Truthahn, ca. 4 kg (auf Qualität achten) | Salz
Pfeffer | 2 Apfelsinen | 2 Zwiebeln | 2 Äpfel
100 g Rosinen | 1 Zweig Beifuß

Den Truthahn mit Wasser ausspülen. Anschließend von innen und außen salzen und pfeffern. Die restlichen Zutaten grob würfeln und in den Truthahn geben.
Den Truthahn auf ein tiefes Blech mit Wasser setzen und im vorgeheizten Backofen 60 Minuten bei 170 °C garen. Danach 10 Minuten im Ofen stehen lassen. Wichtig ist, dass man die Brust mit dem Fond alle 10 Minuten übergießt.

Bratensauce:

100 g Truthahnleber | 1 EL Mehl | Sud vom Truthahn | 1 gehacktes Ei | Salz | Pfeffer

Truthahnleber würfeln und mit Mehl bestäuben. Den Sud passieren und die Leber und das Ei dazugeben. Mit Salz und Pfeffer abschmecken.

Tante Wonnie's Maisbrot-Füllung

Maisbrot

300 g Maismehl | 100 g Mehl | 1 TL Salz | 1 TL Backpulver | 1 TL Backsoda | 2 Eier | 200 ml Buttermilch | 3 EL Öl

Alle Zutaten vermengen und auf ein gefettetes Blech aufstreichen, ca. 1 cm hoch. Bei 200 °C 25 Minuten backen.

Füllung

Maisbrot | 400 ml Hühnerbrühe | 1 TL Beifuß
Salz | Pfeffer | 3 Schalotten | 20 g Butter | 20 g Staudensellerie

Maisbrot zerbröseln, in eine Schüssel geben, mit Hühnerbrühe, Beifuß, Pfeffer, Salz und gedünsteten Schalottenwürfeln sowie Staudensellerie anreichern. Alles gut vermischen und in einer feuerfeste Form bei 180 °C 15 Minuten backen.

Cranberry Sauce

400 ml Wasser | 200 g Zucker | 900 g Cranberrys
2 EL gehackte Walnüsse | Zesten von 1 Orange

Alle Zutaten in einen Topf geben und 5 Minuten kochen lassen. Danach servieren.

Frittierte Okra aus den Südstaaten

100 g Mehl | 1 Ei | 200 ml Milch | Salz | 300 g Okra | Öl zum Frittieren

Aus Mehl, Ei, Milch und Salz einen sämigen Teig herstellen. Okra in 1 cm große Stücke schneiden, im Teig wenden und in Fett ausbacken.

Amy's Maispudding aus Kentucky

2 EL Mehl | 250 g Mais | 1 EL Zucker | 200 ml Milch | 1 TL Salz | 3 EL geschmolzene Butter
2 Eier

Alle Zutaten in einen Topf geben und pürieren. Danach alles in eine feuerfeste Form geben und bei 170 °C 90 Minuten backen.

Amy's obersüßer Süßkartoffel-auflauf

450 g Süßkartoffeln | 100 g Zucker | 100 ml Milch | 1 Ei | 500 g Butter | Salz | 1 TL Zimt 2 Vanillestangen

Süßkartoffeln grob reiben, danach die restlichen Zutaten untermischen. Bei 220 °C 30 Minuten im Ofen backen.

Kartoffelpüree

400 g Kartoffeln | 200 ml Milch | 20 g Butter Salz und Muskat

Kartoffeln schälen und kochen. Danach durch eine Presse geben. Die Milch und die Butter zusammen erhitzen und zu den gepressten Kartoffeln geben. Abschmecken mit Salz und Muskat. Wenn das Püree noch zu fest ist, ein wenig Milch dazu geben.

Tante Joyce's Bratäpfel

100 g Rinderhack | 1 EL Ahornsirup | 1 TL Pecan-Nüsse | Rosinen | 1 TL Orangenmarmelade 4 kleine rote Äpfel

Rinderhack anbraten, abschmecken mit Sirup, gehackten Pecannüssen, Rosinen und Orangenmarmelade. Äpfel ausstechen und mit der Masse füllen. Bei 170 °C 10 Minuten im Backofen garen.

Amy's Angelsbrötchen

650 g Mehl | ½ TL Salz | ½ TL Backsoda | 4 TL Backpulver | 1 EL Zucker | 1 EL Backfett | 150 ml Buttermilch

Alle Zutaten in eine Schüssel geben und vermengen. Kleine Bälle formen und auf ein Blech mit Backpapier geben. Bei 180 °C 15 Minuten backen.

Kürbiskuchen mit Vanillesauce

350 g Kürbis | 200 g Zucker | ½ TL Salz | 1 ½ TL Zimt | ½ TL Ingwerpulver | ½ TL Nelken | 350 ml Kondensmilch | 100 ml Milch | 2 Eier

Kürbis schälen und in Salzwasser gar kochen. Anschließend pürieren und mit den anderen Zutaten vermischen.
Alles in eine feuerfeste Form geben und zuerst bei 220 °C 10 Minuten, und dann bei 150 °C 45 Minuten backen.

Vanillesauce

1,5 l Milch | 200 g Zucker | 1 Zimtstange 2 Vanillestangen | 6 Eier

Milch, Zucker, Zimt und Vanille zum Kochen bringen.
Eier trennen und die heiße Milch unter Rühren nach und nach zu den Eigelben gießen.
Die Vanillesauce warm oder kalt zum Kürbiskuchen servieren.

Weinempfehlungen:

Zum Empfang:

Chandon California, Premium Sekt, Domaine Chandon California – wird ausschließlich aus den hochwertigen Rebsorten Chardonnay, Pinot Noir, Pinot Blanc und Pinot Meunier der Weinanbaugebiete Sonoma County und Napa County hergestellt – in aufwändiger Flaschengärung gereift – harmonische Ausgewogenheit – kräftiger Körper – komplex strukturierte Aromen

Zum Truthahn:

Zinfandel 2000, Oakwood Winery – Zinfandel zeigt lebhafte Geschmacksnoten von Brombeeren und schwarzen Himbeeren, mit einem leichten Anklang von Pfeffer und Gewürzen – der reife Geschmack des Barriqueausbaus zeigt sich mit warmen Vanilletönen – der ausdrucksstarke Zinfandel-Charakter klingt im samtweichen Abgang aus

French Colombard 1999/2001, Oakwood Winery – French Colombard rangiert an fünfter Stelle unter den in Kalifornien angebauten Rebsorten und wird meist zur Herstellung preiswerter Konsumweine verwendet – hoch im Ertrag, liefert einfache, saubere Weine – in der Nase eher verhalten, im Geschmack würzig – kernige Säure

Dorint Küchenchef Sascha Baum weist seine Hilfsköche ein, aber ...

Adrian Runhof und Johnny Talbot wissen bereits, wie es geht: Sie kochen für ihr Leben gern.

Maren Gilzer isst und trägt gerne TALBOT RUNHOF. Manager und Lebensgefährte Egon F. Freiheit versteht's.

Die dekorative Gästeschar mit ihren Gastgebern (oben von links): Birgit Borrek, Adrian, Johnny, Sascha, Marion Mitterhammer, Kristina van Eyck, Bernd Eulitz (Direktor Dorint Am Alten Wall), Doreen Dietl, (unten von links) Maren Gilzer, Mareike Carrière, Birgitt Wolff und Claudia Jung.

Tolle Klamotten: Die Schauspielerinnen Marion Mitterhammer und Mareike Carrière würden sie am liebsten gleich mitnehmen.

Glücklich über die gelungene Kooperation: Hotel-PR-Managerin Birgit Borrek mit den Designern.

In der Hamburger Milchstraße herrscht Notting-Hill-Flair. Der Dorint-Doorman betreut die modebewussten Damen: Claudia Jung, Doreen Dietl, Mareike Carrière, Marion Mitterhammer, Kristina van Eyck und Maren Gilzer.

Sabina Wussow

Rindfleischsalat

Claudia Jung und Hape Riefenstein

Spaghetti mit Scampi

Wolfgang Fierek

Jambalaya

Erkan und Stefan

Dilber Duda
heiß-knusprige
Liebeslippen

Chardonnay Pinay
Schreckbichl 2002

Südtiroler Weissburgunder
Schulthauser 2001 von der
Kellerei St. Michael in Eppan

Südtiroler Lagrein Dunkel
1998
Kellerei Laimburg in Pfatten/Auer

Arunda Brut Sektkellerei
Reiterer

Alta Badia

Sascha Wussow
Thure Riefenstein
Claudia Jung
Wolfgang Fierek
Erkan & Stefan

Unsere Köche in Alta Badia

Norbert Niederkofler: Irgendwann landen alle in der Küche Ein Stern ist das Höchste für einen Koch. Auf dem Weg dorthin hat der im Südtiroler Luttern geborene Norbert Niederkofler kaum eine Station ausgelassen: Ob im Mövenpick in Zürich, im Restaurant „Glass Garden" in Cleveland, im Hotel Überfahrt am Tegernsee, im Restaurant „Jörg Müller" auf Sylt, im „Kurhausstüberl" in Waging, im Münchner „Aubergine", oder bei seinen Aufenthalten bei Amerikas Koch des Jahres 2000 David Bouley – was er bei Kochlegenden wie Eckart Witzigmann und Alfons Schubeck gelernt hat, vereint er seit 1994 gekonnt als Küchenchef des Relais & Château Rosa Alpina in San Cassiano. Hier herrscht er über 20 Köche, und zu Spitzenzeiten wie Weihnachten verlassen an einem Abend 300 Essen seine Küche; außerdem wollen 75 Mitarbeiter zweimal am Tag versorgt werden. Das hält der ehemalige Skirennfahrer nach einem Jahr in Eckart Witzigmanns „Aubergine" locker durch, denn in einem Drei-Sterne-Restaurant rund um die Uhr zu kochen, dazu gehören 10 Prozent Talent und 90 Prozent harte Arbeit. In dem von ihm geführten Restaurant „St. Hubertus" hat sich Norbert Niederkofler sowohl mit aufwändigen, sich

>>

Alta Badia in Südtirol

Wer nach Alta Badia zum Skifahren kommt, wird spätestens nach einem Blick in den Michelin Italien 2003 seine sportlichen Ambitionen über den Haufen werfen. In diesem Skigebiet im hintersten Winkel Südtirols, in dem man sich zwischen gemütlichen Anfängerpisten und anspruchsvollen Abfahren austoben kann, gibt es nämlich im Umkreis von nur fünf Kilometern gleich drei Gourmettempel mit einem Stern. Auch wenn die Schönheit der Dolomiten noch so atemberaubend ist, der Schnee noch so sicher, die Liftanlagen noch so perfekt: Wirklich verführerisch sind einige der besten Köche Italiens. In den ehemaligen Bergbauerndörfern Pedraces, La Val, La Villa, San Cassiano, Corvara und Colfosco schwingen wahre Künstler ihre Kochlöffel, um die traditionelle Bergbauernküche mit leichter, mediterraner Cuisine zu verbinden.

Bei Witzigmann-Schüler Norbert Niederkofler, dessen Stern seit drei Jahren im „St. Hubertus" im Hotel Rosa Alpina glänzt, steht sogar Italiens Highsociety Schlange. Wochenlang im Voraus sind die 35 Sitzplätze ausgebucht. Besonders beliebt ist der Tisch mit offenem Blick in die Küche – vielleicht, weil jeder gern hinter das Geheimnis des schon legendären Rinderfilets in der Salzkruste, gegart in Bergheu, kommen möchte.

Ganz in der Nähe hat Chefkoch Corrado Fasolato dem 700-Einwohner-Dorf San Cassiano im „La Siriola" zu einem zweiten Stern verholfen – durch so ungewöhnliche Kreationen wie Kaninchenravioli mit Schokoladensauce, Wildschweinhamburger mit Curry, Tabak-Eis zum Dessert und einen der bestsortierten Weinkeller Italiens: Bei Besitzer und Sommelier Stefan Wieser lagern 1300 verschiedene Tropfen in 30 000 Flaschen.

Auch bei Michil Costa zählt der altarartige Gewölbekeller, in dem sich unter 27 000 Flaschen eine der weltgrößten Sassicaia-Sammlungen versteckt, zum Allerheiligsten. Die raffiniert verfeinerte ladinische Regionalküche seines Küchenchefs Markus Wolfsgruber, serviert an 27 Plätzen in der drei Jahrhunderte alten Bauernstube „Stüa de Michil", im Hotel La Perla in Corvara, hat die Michelin-Inspektoren längst überzeugt. Ein Kenner ist der Hotelier auch, wenn es um Zigarren geht: Seine perfekt gelagerte Sammlung umfasst einige der kostbarsten und seltensten Sorten der Welt.

Wer in der Mittagspause am Berg nicht auf die kulinarischen Gaumenfreuden verzichten möchte, findet eine Reihe ungewöhnlicher Skihütten: Bei der Punta Trieste auf der Piste nach Corvara ist der Einkehrschwung Pflicht. Die Hütte ist immer voll, bei schönem Wetter kommen bis zu 600 Gäste am Tag und genießen die hervorragende Küche, die Livemusik und die Sonnenterrasse. Bei garantierten 99 Sonnentagen im Winter in Alta Badia findet das Punta-Trieste-Wohlfühlgefühl meist draußen statt. Hier lädt der Skimodehersteller Chervò mit seinem Italien-Vertriebschef Pio Canins alljährlich seine promi-

Die unvergleichliche Bergwelt der Dolomiten in Alta Badia.

>>
stets weiter entwickelnden Menüs als auch mit „traditioneller Hausmannskost auf höchstem Niveau“ seit 2000 selbst einen Stern erkocht. Außer an einem Ruhetag ist das Restaurant von Anfang Dezember bis Ostern und von Juni bis Anfang Oktober täglich geöffnet; frühe Vorbestellung empfiehlt sich bei den 50 Plätzen.

Das Motto des Sternekochs: aus sorgfältig ausgewählten Top-Quality-Zutaten stets das Beste herauszuholen. Er reist sehr viel, entdeckt und probiert Neues, bleibt aber seiner Linie immer treu. Er versucht immer das Optimale zu bekommen – den frischsten Fisch, das beste Geflügel, das beste Lamm, alles möglichst von einheimischen Bauern – und diese Produkte so wenig wie möglich zu verändern, sondern mit geeigneten Garmethoden den optimalen Geschmack zu erzielen. An Südtirol schätzt er vor allem, dass es so viele Kombinationsmöglichkeiten in der Küche zulässt, inklusive der alten österreichischen Patisserie-Tradition, die er jetzt drei Patissiers überlassen muss, weil ihm der pralle Tagesablauf keine Zeit mehr für eine seiner früheren Lieblingsbeschäftigungen lässt.

Der 42-Jährige liebt den Kontakt zu seinen Gästen. Er braucht das Feedback, will wissen, ob seine Intention verstanden wird, will als Künstler erklären, warum er etwas tut. Es fasziniert ihn, durch seinen Beruf Menschen kennen zu lernen, denen er sonst niemals begegnen würde – wie das Comedy-Duo Erkan & Stefan: „Da stehen morgens um acht Uhr, noch nicht ganz wach, diese beiden Typen bei dir in der Küche und ziehen eine unglaublich professionelle Show ab, machen sich Gedanken, dass alles optisch gut rüberkommt, und bringen mit ihren Liebeslippen selbst mir noch was bei – kein Wunder, wenn sie mit so viel Liebe gemacht werden. Auch Sascha Wussow war am frühen Morgen fit und voller Tatendrang. Man sieht, dass er zu Hause gern und viel kocht und überzeugt ist von dem, was er tut. Das Kürbiskernöl hat er sogar selbst aus Wien mitgebracht. ‚Auch bei einem Sternekoch weiß man ja nie, ob er das richtige Öl da hat‘, wird er sich gedacht haben.“

Selbst für den Profikoch ist „Cooking for Friends“ ein Riesenspaß; es erinnert ihn an Feste mit Kollegen, aber auch an alte Traditionen und seine Kindheit, bei der die Küche das Zentrum des Hauses war: „Irgendwann landen einfach alle in der Küche.“

Genuss pur – im Hotel La Majun, dem Club Moritzino, der Punta Trieste und dem Romantikhotel La Perla (von links nach rechts).

nenten Gäste zu Pastaspezialitäten in gusseisernen Pfannen ein. Von den No Angels bis zu Peter Kraus kann keiner dem sympathischen Wirt Willy einen spontanen Showauftritt auf der Sonnenterrasse abschlagen. Wolfgang Fiereks Jambalaya war ein so großer Erfolg, dass sie in die Speisekarte übernommen wurde, bis die Gewürze ausgingen.
Willy Costamoling, als dritter von acht Kindern in einer Bauernfamilie in Corvara geboren, Mitbesitzer von vier Hotels und seit 40 Jahren Chef der Bergwacht in Alta Badia, ist zwar gelernter Koch; doch davon profitieren heute nur noch private Freunde und die Familie. Sein Hobby ist der Wein. Er besucht jede Weinmesse und kennt alle Produzenten, auch den kleinsten; denn seiner Philosophie entspricht es, jedem Gast einen guten Wein zu einem anständigen Preis zu bieten. Wer hier nicht zu lange und zu tief ins Glas geschaut hat, kann wählen zwischen der normalen Abfahrt und einem Abstecher zur Königin der Dolomiten. Ein Anruf bei Paolo, und der Heli schwebt ein, um zu den Tiefschneepisten des Marmolada-Gletschers zu starten.
Direkt neben der Bergstation der Seilbahn, auf dem Piz la Ila, wo alljährlich im Dezember ein Weltcup-Riesenslalom ausgetragen wird, befindet sich Südtirols höchstgelegenes Restaurant für Fischspezialitäten: der Club Moritzino. 2001 wurde die Hütte nach zwei Testjahren von einer österreichischen Gesellschaft zur besten Europas gewählt. Neben dem Selbstbedienungsrestaurant für eilige Skifahrer gibt es die sehr gut bestückte Weinbar und das rundum verglaste Restaurant, in dem fünf Köche aus dem täglich frisch von der Adria angelieferten Fisch köstliche Gerichte zaubern. Was den Club Moritzino von anderen Hütten unterscheidet? Ganz eindeutig: der Chef. Moritz Craffonara, der aus einer ladinischen Gastronomenfamilie stammt, wollte eigentlich Medizin studieren, bevor er Ende der 60er Jahre mit einer einfachen Holzhütte begann. Dass sich heute die Feinschmecker und VIPs aus der ganzen Welt bei ihm die Türklinke in die Hand

Ütia Punta

drücken, hat auch mit seinem Abenteurer- und Globetrotterleben zu tun, das immer beginnt, wenn die Saison zu Ende ist: Dann nimmt er sein Fahrrad und radelt nach Sizilien, nach Lissabon oder Gibraltar. Das braucht er für seinen seelischen und körperlichen Ausgleich – genau wie die 27 Autorallyes, die er gefahren ist, darunter die längste und schwierigste der Welt, von Paris über Moskau nach Peking, oder die Motorschlittenrennen mit der Italienischen Nationalmannschaft und seinen Pilotenschein. Dass Moritz sich diese kostspieligen Hobbys leisten kann, hat er vor allem seiner Frau Silvana zu verdanken. „Sie ist mein Hauptsponsor, ohne es zu wissen: Sie arbeitet und ich gebe das Geld aus." Sein Humor, gepaart mit ladinischem Charme und einer großen Portion Weltoffenheit, machen Moritz sicherlich zum charismatischsten Hüttenwirt der Gegend.

Einziger Nachteil des genussvollen Hüttenzaubers: Wer mittags zu viel schlemmt, dem wird die Zeit zu knapp, um sich auf den ausgewiesenen 130 Pistenkilometern auszutoben. Dazu zählt noch nicht mal der Anschluss an die Sella Ronda, den alpinen Klassiker der Dolomiten, bei dem man ohne Pause vier Stunden benötigt, um den gewaltigen Gebirgsstock des Sella-Massivs zu umrunden.

Den Tag lässt man am besten in Corvara ausklingen. Auch daran hat die Familie Costa, Besitzer des Romantikhotels La Perla gedacht. Während sich Sohn Michil um die kulinarische Seite kümmert und Mutter Anni Costa das Haus mit viel Geschmack und gemütlichem

Hotelgenuss mit Sterneküche: das Relais & Châteaux-Hotel Rosa Alpina in San Cassiano.

Stil führt, sorgen die beiden anderen Brüder dafür, dass in „L'Murin", der Mühle, beim Tanzen in Skianzug und Skistiefel Platz geschaffen wird für die abendliche Kalorienaufnahme. Auf die ganz Unermüdlichen wartet nach gepflegtem Dinner die „Hug's Bar" in San Cassiano und das „Badia Pub" in Pedraces, in dem sich nicht nur Westernfans gut aufgehoben fühlen.
Dass die Hotelszene von Alta Badia im Luxusbereich mittlerweile zu den Topadressen zählt und dem einstigen Nobelort Cortina d'Ampezzo schon längst den Rang abgelaufen hat, zeigt die Anwesenheit von Italiens Hautevolee ganz deutlich – nicht nur im Winter, sondern auch im Sommer auf dem 9-Loch-Golfplatz bei Corvara. Vielleicht liegt das Geheimnis in der Normalität und dem Charme der Gastgeber, der Mischung aus Südtiroler Bodenständigkeit und italienischer Lebensfreude. Man fühlt sich einfach wohl hier: in der einfachen und gemütlichen Pension „Sellablick" in Colfosco, die Claudia Schiffer seit Kindertagen immer wieder bewohnt, oder den großzügigst restaurierten Zimmern des Sassongher über den Dächern von Corvara, im Relais & Châteaux-Haus „Rosa Alpina" und dem gemütlichen Familienhotel „Fanes" in San Cassiano oder im neuen Sympathik-Hotel „La Majun" in La Villa, dessen charmante Wirtin Roberta das perfekte Händchen für Stil, Dekoration und Küche hat. Wer den Wintersport liebt und in Alta Badia nichts für Augen, Gaumen, Körper und Seele findet, der findet es wahrscheinlich nirgendwo auf der Welt.

Gemütlicher Luxus – im Sassongher in Corvara (ganz oben) und im Fanes in San Cassiano.

Race & Fun: Chervò-Boss Manfred Erlacher (Mitte) mit seinen prominenten Gästen (von links): Arthur Brauss mit Marie Pocolin, Wolfgang und Djamilla Fierek.

Kneifen gilt nicht:
Lisa Fitz am Start beim Jaguar-Heuwagen-Race (oben);
Wolfgang und Djamilla Fierek im Ziel von Sport-Tony's Bigfoot-Rennen (rechts).

Chervò-Winterspaß in Alta Badia (von oben links im Uhrzeigersinn): Lisa Seitz mit Mann Tidof und Husky Lilly, Cosima von Borsody und Dr. Christian Behr, Peter und Ulrike Kremer.

Rindfleischsalat

500 g Rindfleisch | Salz | Pfeffer | 1 Lorbeerblatt Suppengrün | 200 ml Rindersuppe | 200 ml grüner Veltliner | 100 ml Balsamico | 1 EL Zucker Gelatine | 250 g braune Champignons | 2 weiße Zwiebeln

Rindfleisch mit Salz, Pfeffer, Lorbeerblatt und Suppengrün ohne Deckel ca. 2 Stunden ziehen lassen. Rindersuppe, grüner Veltliner, Balsamico und Zucker in einen Topf geben und auf kleiner Flamme köcheln lassen. Gelatine vorher 5 Minuten in kaltem Wasser einweichen und dazugeben. Champignons und Zwiebeln in Scheiben schneiden. Die Zwiebeln in heißem Öl mit ein wenig Zucker anschwitzen. Champignons, Salz, Pfeffer, Fleisch (in dünne Scheiben geschnitten) und die Sauce dazugeben. Nicht mehr kochen, nurmehr ziehen lassen (damit sich alles besser verbindet, in Schichten legen; d.h. Fleisch, darüber Zwiebeln, Champignons ...).

Serviervorschlag: Anrichten mit ein wenig Kernöl, Schnittlauch und Kürbiskernen. Dazu Baguette oder Kornweckerl.

Weinempfehlung:
Chardonnay Schreckbichl 2002 – strohgelb mit grünen Reflexen – süße Aromen mit exotischen Früchten – leicht riechend nach Holunderblüten und Vanille – sauberer Gaumen elegant mit schöner Frische – langer Abgang

Du kochst für Freunde – es soll ihnen schmecken

Winter.
Winter in Südtirol, Winter in einem bezaubernden Ort von dem ich schon so oft gehört hatte: aus Skiübertragungen und kurzen Einblendungen, in denen sich bei uns bekannte, berühmte „Wahnsinnige“ den Steilhang hinunterwerfen!
Alta Badia und „Cooking for Friends“ – moment mal: „Cooking“?? „Friends“???
Mein erster Event unter diesem Logo.
Ob ich kochen kann, wurde ich gefragt.
Ich: „Klar, kann ich!“
„Na, dann mach mal: Such dir eine Vorspeise aus, stell dich auf der Alm in die Küche und enttäusch uns nicht!“
Ich: „Oookay .....“ ??
Was dann in diesen zwei Tagen vor, während und nach meinem ersten „Cooking“ so stattfand, zähle ich zu den absolut schönsten Begebenheiten des Jahres 2002!
Allein die Anreise war schon die „Mühe“ wert. Um in dieses Traumtal zu kommen – schöne Flecken verstecken sich gern – sollte man die italienischen „Schumakers“ möglichst schnell an sich vorbeiziehen lassen. Den freien Blick in die Schluchten muss man erlebt haben ...
Und nach einer sehr spannenden Fahrt liegt es dann da – ein kleines Juwel!
Nach einem wunderschönen Abendessen leider ein bisschen früher ins Bett als sonst, um 6.30 Uhr aufstehen fürs „Cooking“.
Aber für wen koche ich eigentlich, für welche „Friends“???
Und jetzt erweist sich diese Idee, zumindest für mich als Schauspieler, als vollkommen

Sascha Wussow

Man weiß ja nie, ob Sternekoch Norbert Niederkofler das richtige Öl hat: Hobbykoch, Schauspieler und Maler Sascha Wussow nimmt das Kürbisöl aus Wien sicherheitshalber in die Küche des Hotels Rosa Alpina mit. Eulen nach Athen tragen ...

CHERVÓ
ALTA BADIA

ALTA BADIA
Davidoff
CIGARETTES
ALTA BADIA
DOLOMITES · ITAL

Neues „Get together“, im wunderbaren Rahmen der Genüsse und Freunde!
Suzanne von Borsody hab ich schon ewige Zeiten nicht mehr gesehen, Michael Mendl hat mit Barbara einen Film gedreht, Thure Riefensteins wunderbares „Bergprojekt“, der Kurzfilm „Four men up the mountain“, den er in dieser herrlichen Dolomitenlandschaft gedreht hat, sollten sich mal ein paar Fernsehverantwortliche ansehen – und endlich kommt auch noch Anja Kruse mit verspätetem Flieger aus Bukarest!
Aber alle kommen sie!
Und das hat ja allem Anschein nach seinen berechtigten Grund.
Gott sei Dank gibt's hilfreiche Geister, eine perfekte Küchenmannschaft, einen Sternekoch ...
Einfach, sagen Sie??? Na, haben Sie schon für 80 verwöhnte Gaumen gekocht?
Ich noch nie – und trotzdem hat's geklappt. Bei strahlender Sonne, verschneiten Pisten, auf, na sagen wir mal, fast 2000 Metern Höhe, bekamen alle „warmen Rindfleischsalat mit steirischem Kernöl“ serviert!
Teller sind keine voll geblieben, der Chardonnay war hervorragend und eiskalt – und: Was für ein Blick auf die Berge! Aber das war erst der Anfang ...
Danach ging's zu meinen Kollegenköchen Claudia Jung, Thure Riefenstein und, hoho, „Jambalaya Wolfgang Fierek“ auf die anderen Hütten – und schließlich mit dem Heli zur Nachspeise!
Neben diesen beiden Küchenkünstlern hatte ich ernsthaft in der Früh in der Küche des „Rosa Alpina“ meine Vorspeise zubereiten müssen: „Erkan und Stefan“! Dilber Dudagı, “krass konkrete Liebeslippen“, so hieß ihr Dessert.
Ich bin fast ernst geblieben, ich habe wenig verschüttet, ich hab nur an meine Aufgabe gedacht!
Du kochst für Freunde, es sollte ihnen schmecken, verschütt kein Salz, mach die richtige Menge, du musst ...
Ich hab's geschafft – mit viel Hilfe ... und einer trainierten Bauchmuskulatur.
Nach einer langen Nacht fuhren wir am nächsten Morgen wieder zurück; die „Schumakers“ waren verschwunden, es hatte ein wenig geschneit, Weihnachten stand vor der Tür. Seit neuestem interessiere ich mich brennend für Jaguars und von Zeit zu Zeit rauche ich eine Davidoff-Zigarette.
Suzanne fliegt nach langem Dreh zum Tauchen auf die Malediven und wir zum „Traumschiff“ in die Südsee. An einer Raststation kauf ich mir noch Schüttelbrot und ein bisschen Südtiroler Speck.
Es war unglaublich schön, ich hab gekocht – nicht schlecht – und Freunde???
Vor kurzem bekam ich ein Multivitaminpackage von Karsten Speck – den kannte ich vorher gar nicht.
Birgitt, hast Du noch mal schnell die Nummern von ...
Einzigartige Ideen sollte man begießen – und auf die anstoßen, die sie erfunden haben!
PS: Ich kann die besten Wiener Schnitzel südlich der Isar!

Kalte Rosa Alpina Hütte, warmer Rindfleischsalat. Die Freunde genießen das „Cooking“ in vollen Zügen: Dr. Christian Behr und Cosima von Borsody (unten links); Patrizia Lueger, Jens Schniedenharn, Anja Kruse, Sascha Wussow, Suzanne von Borsody, Iris Böhm, Heikko Deutschmann und Bernhard Bettermann (oben, von links); Sascha Wussow und Birgitt Wolff (unten rechts).

Spaghetti mit Scampi

ca. 3 Scampi pro Person | Salz | Pfeffer
60 g Butter | 80 g Spaghetti pro Person

Scampisauce:
300 g Scampischalen | 1 guter EL Olivenöl
30 g Lauch | 30 g Zwiebeln | 60 g Stangensellerie | 20 g Karotten | 2 cl Cognac | 2 cl Tomatensaft | 2 cl Noilly Prat (trockener weißer Vermouth) | 2 cl weißer Portwein | ¼ l Fischsud
¼ l Crème double | 1 Knoblauchzehe | 1 Thymianzweiglein | 4 zerdrückte Pfefferkörner | Salz | Cayennepfeffer | Zitronensaft | 20–30 g Butter | 1 guter EL geschlagene Sahne
½ Bund Schnittlauch

Die Scampischalen in etwas Olivenöl leicht anrösten. Die klein geschnitten Gemüse zufügen und ebenfalls etwas angehen lassen. Mit Cognac flambieren. Tomatensaft und Spirituosen angießen und das Ganze bei mittlerer Hitze so weit einkochen, dass nur noch 2–3 Esslöffel Flüssigkeit übrigbleiben. Mit Fischsud aufgießen und wiederum auf ein Drittel einkochen lassen. Crème double einrühren, Knoblauch, Thymian und Pfefferkörner zufügen und alles 15–20 Minuten unbedeckt leicht köcheln und noch einmal reduzieren lassen. Die Sauce durch ein feines Spitzsieb passieren, dabei die Scampischalen und die Gemüse fest ausdrücken, damit sie alle Würze abgeben. Beiseitestellen. Die Scampi jetzt grillen und würzen. Die Scampisauce mit Salz, Cayennepfeffer, Zitronensaft und etwas Cognac abschmecken. Mit der Butter aufmixen (Pürierstab oder Küchenmaschine) und die geschlagene Sahne unterziehen. Den Schnittlauch mit der Schere in etwa 3 cm langen Stücken direkt in die Sauce schneiden. (Statt des Schnittlauchs geht auch Zwiebelgrün, kurz in Butter angedünstet, oder ein Kraut nach Belieben.)

Serviervorschlag: Die Spaghetti in Salzwasser knackig gar, also „al dente" kochen. Nur 15 Sekunden abtopfen lassen, dann auf heißen Tellern anrichten. Mit den Scampi garnieren und die Sauce darübergießen. Sofort servieren.

Weinempfehlung:
Südtiroler Weißburgunder Schulthauser 2001, Kellerei St. Michael in Eppan – blasses Strohgelb – intensiv nach Äpfel riechend – begleitet vom Aroma von weißen Blumen – Bergkräuter – weicher, voller Geschmack

Thure Riefenstein

Für Freunde kann einem nur das Beste gut genug sein, davon waren wir von Anfang an
überzeugt – ganz besonders, wenn es eine erlese Schar exzentrischer Künstler, Schauspieler, Komödianten und anderer wunderbarer Nervensägen aus Birgitt Wolffs persönlichem Buch des „Who is Who" betrifft.
Aber der Reihe nach: Die Aufgabe bestand darin, eine Horde ausgehungerter Ski-Asse auf 2500 Metern Höhe pünktlich um 12.30 Uhr mit Eiweiß und Kohlehydraten zu versorgen. Gekochte Eier mit Pellkartoffeln, garniert – als Zeichen besonderen Einfallreichtums – mit roter Petersilie? Das geht ruck-zuck, man kann nichts falsch machen, und ich habe morgens sogar noch Zeit, die Hänge hinunter zu wedeln. Wunderbar!
Als ich jedoch hörte, was die anderen zum Gesamtmenü beitragen wollten, behielt ich meinen Rezeptvorschlag erst mal für mich. Was tun? Nächtelanges Herumwälzen – ich würde wohl als Teufelchen in der Höllenküche auf immer und ewig mit den Fingernägeln Kartoffeln schälen müssen ...
GEISTESBLITZ! Dann doch lieber das „Wellnessprogramm" für die Gaumen ...
Also gut: Im Jaguar nach Marseille, sieben Stunden im Stau. Kein Problem. Endlich die Küste vor mir! Mit gebrochenem Französisch dann endlich den Fischmarkt gefunden. 17 Tonnen frische Scampi auf dem Fischmarkt geprüft, mit Hand und Nase. Endlich die richtigen gefunden: super Jumbo-Scampi, genau das Richtige für unsere Gäste.
Stundenlange zähe Verhandlungen mit marokkanischem Fischer, 86 Jahre alt. Besiegelt wurde das Geschäft schließlich mit einer riesigen Davidoff-Zigarre – was sonst? Der Jaguar vollgepackt mit Eis und Scampi, die Klimaanlage voll aufgedreht, rauf auf die Autobahn. Ein Blick auf die Uhr: Merde! In sechs Stunden kommen die Gäste. Das schaffen wir nie!!!

Schweißgebadet wache ich auf ... Sechs Uhr früh, im Hotel Sassongher in Alta Badia. Glück gehabt! Zwei Stunden später sitzen Claudia und ich in Moritz' Schneeraupe auf dem Weg zur Moritzino-Hütte. Gut gelaunt erklärt uns Kurzschläfer Moritz einige Besonderheiten der Region und der Weltcup-Abfahrt Gran Risa, die wir gerade überqueren, während es im 90 Grad Winkel den Berg hinaufgeht ... Moritz lacht, als er unsere Gesichter sieht: „Das ischt scho anders als so eine Bühnenschräge, nicht?“
Endlich oben! Die frühen Sonnenstrahlen tauchen die schneebedeckten Berge in traumhaftes Licht. Das wird ein Supertag!
Ran an die Arbeit. Noch zwei Espressi, und los geht's! Unsere italienischen Köche haben ganze Vorarbeit geleistet: Es ist alles da, was wir auf unserer langen Bestellliste aufgeführt haben. Nur die Berge von Scampi wollen erst mal geknackt werden ...
Endlich köcheln die Schalen der Krustentiere mit den Gewürzen vor sich hin – die Basis für die spätere Sauce.
Unser ständiges Abschmecken und Nachwürzen erntete nur humorvoll kritische Blicke unserer italienischen Chefköche. Aber sie ließen uns gewähren.
Was ist mit den Vegetariern unter den Gästen? Ach, du meine Güte, die haben ja auch Hunger! Also noch schnell eine Sauce Pomodoro mit viel Basilikum und Knoblauch gezaubert, gebettet auf ein weißes „Gipfelchen“ Reis...
Die Zeit drängt. Tiefes Magengrollen aus dem Speisesaal. Die Gäste!
Endlich! Die Scampi werden kurz angebraten, um dann in kunstvoll geschwungener Pfanne etwa 40 Sekunden flambiert zu werden. Erlebniskochen für jeden Pyromanen! Aber Vorsicht: Mit etwas zu viel Schwung brennt die Küche gleich mit!
Unsere ausgehungerten Freunde stehen praktisch schon mit ihren Skiern in der Küche, als es dann endlich ans Servieren geht. Wie die Bienen fliegen Claudia und ich im Sekundentakt mit unseren wunderbaren italienischen Köchen und Camerieri aus der Küche.
Es wird immer ruhiger im Speisesaal ... Was haben wir falsch gemacht mit unseren „Scampi à la Blick auf die Dolomiten“?
Dann erlösender Beifall, als wir uns endlich selbst mit einem Tellern unserer Creation zu den Freunden setzen.
Doch die Zeit drängt, und es geht weiter zum nächsten Gang – auf unserem Hüttenhopping durch Alta Badia ...

Wenn Claudia Jung und Thure Riefenstein bei Moritz (unten) in seinem berühmten Club Moritzino kochen, kann es nur Pasta mit erlesenen Meeresfrüchten geben – nach einem kleinen Seitenblick ins Sternekochbuch.

Kochen ist eine Art zu lieben

Claudia Jung

Erstaunlicherweise hat sich meine Einstellung zum Kochen im Lauf der Jahre drastisch verändert. In meiner Jugend kümmerte ich mich nur äußerst ungern ums Essen und sah das Kochen als ein notwendiges Übel an, um für meinen sieben Jahre jüngeren Bruder und mich mittags etwas Warmes auf den Tisch zu bringen. Unsere Eltern waren ganztägig berufstätig und wir Kinder nach Schulschluss ein paar Stunden auf uns allein gestellt. Zu diesem Zeitpunkt glaubte ich noch, Kochen sei gleichbedeutend mit Zaubern. Und da ich nicht die geringste Lust verspürte, auch nur annähernd eine Art Copperfield oder Siegfried und Roy der Gastronomie zu werden, erwärmte ich am liebsten fantasielose Fertiggerichte. Oder ich verbriet so ziemlich alles, was der Kühlschrank hergab, ohne jegliche Magie zu kaum genießbaren und sehr schrulligen Gerichten – in der Hoffnung, man möge mich in Zukunft nur noch das machen lassen, was ich schon von Kindesbeinen als meine große Leidenschaft ansah: das Singen.

Als ich mit 21 für ein Jahr nach Italien ging, um herauszufinden, was ich mit meiner Zukunft anfangen wollte, stellte ich sehr schnell fest, dass Kunst, Liebe und auch Kochen einiges gemeinsam haben: die Leidenschaft als Grundlage für gutes Gelingen und die Lust, das Gelungene zu genießen. Kein Wunder, dass man den Italiener nachsagt, sie hätten ars vivendi, die Kunst zu leben, erfunden.

„Liebe geht durch den Magen“ – erst heute ist mir bewusst, wie viel Wahrheit dieser Spruch beinhaltet: das Schmetterlingsgefühl des Verliebtseins, das den Magen verschließt und uns mit sehr wenig auskommen lässt, oder die tiefe innige Liebe, die der Fantasie keinerlei Grenzen setzt und uns lustvoll und ohne Reue alles genießen lässt, was auf magische Weise die Seele streichelt. Wenn man also mit Einfallsreichtum und Einfühlungsvermögen zubereitet, was zu Gaumenfreuden werden soll, kann auch das Kochen zu einer Art erotischem Vorspiel werden.

Da ich beruflich viel unterwegs bin und für die Menschen, die mir am Herzen liegen, oft sehr wenig Zeit habe, ist ein „Kochen für Freunde“, egal ob zu Hause oder in der winterlichen Atmosphäre von Alta Badia, für mich die schönste Art, Familienleben und Freundschaften zu pflegen.

Sängerin Claudia kocht aus Liebe, Schauspieler Thure bedient, weil er das Beste für Peter Kremer und dessen Ehefrau Ulrike will.

Jambalaya

2 Hähnchenbrustfilets à 200 g ohne Haut | 2 Selleriestangen | eine grüne und eine rote Paprikaschote | 1 rote Chilischote | 500 g Tomaten
2 Zwiebeln | 3 Knoblauchzehen | 100 g Frühlingszwiebeln | 225 g mittelgroße Garnelen (ungeschält, roh) | 75 g stark geräucherter Schinken
200 g Wurst (z.B. Andouille oder Cabanossi)
Salz | schwarzer Pfeffer | 1 TL getrockneter Thymian | 1 TL kreolische Würzmischung | Pflanzenöl zum Braten | 200 g Tomatensauce (aus dem Glas) | 250 g Geflügelfond | 500 g frisch gekochter Reis | 3 Shrimps pro Person

Die Hähnchenbrustfilets in ½ cm große Würfel schneiden. Die Selleriestangen putzen und klein schneiden. Die Paprikaschoten und die Chilischote halbieren, entkernen, waschen und klein würfeln. Die Tomaten kreuzweise einritzen und mit heißem Wasser überbrühen, häuten, entkernen und fein würfeln. Die Zwiebeln und den Knoblauch schälen und fein hacken. Die Frühlingszwiebeln von Wurzelansatz und welken Blättern befreien, waschen und klein schneiden. Die Garnelen aus dem Panzer lösen und die Därme auf der Rückseite entfernen. Den Schinken in Stücke und die Wurst in Scheiben schneiden. In einer Schüssel 1 gestrichener TL Salz, ½ TL schwarzer Pfeffer, ½ TL Thymian und 1 TL kreolische Würzmischung vermischen und die Hähnchen darin wenden.
In einem Schmortopf 2–3 EL Öl erhitzen und das Fleisch darin 6–8 Minuten goldbraun anbraten. Dann Sellerie, Zwiebeln und Knoblauch dazugeben und 5 Minuten dünsten. Schinken, Wurst, Tomaten, Paprikawürfel, Chili, die Tomatensauce und den Geflügelfond dazugeben und alles aufkochen lassen.
Die Hitze reduzieren und das Jambalaya köcheln lassen, bis die Tomaten zerfallen sind. Garnelen unterrühren und 2–3 Minuten ziehen lassen. Pikant abschmecken und etwa so viel von dem gekochten Reis zugeben, dass der Eintopf weder zu trocken noch zu feucht ist. Zuletzt die Frühlingszwiebeln untermischen.

Serviervorschlag: Bevor das Jambalaya serviert wird, einen Appetitanreger, Cajun Shrimps, auf kleine Tellern servieren: Shrimps einlegen in Erdnussöl, mit der kreolischen Gewürzmischung, viel Knoblauch, Thymian und ein bisschen mehr Cayennepfeffer, dass sie schön rot werden. Nach höchstens vier Minuten rausnehmen, damit sie noch den richtigen Biss haben.

Weinempfehlung:
Südtiroler Lagrein Dunkel, 1998, Kellerei Laimburg in Pfatten/Auer – rotes Rubin – reife Früchte (Blaubeeren und Heidelbeeren) – Pflaumenkonfitüre leicht grasig – würzig nach Nelken – Vanille und dunkler Kakao – harmonisch langer Abgang.

Zum Koch geboren

Wolfgang Fierek

Ich wollte immer Koch werden. Mein größter Wunsch war es, meinem Vater Heinrich nachzueifern. Er arbeitete in Neubiberg bei der Bundeswehr als Zivilangestellter und bekam sogar vom alten Lübke das Bundesverdienstkreuz für sparsames, effizientes Kochen verliehen. Aber Koch ist ein sehr harter Beruf, du hast jeden Tag sehr viele Stunden auf dem Buckel. Und die Väter wollen halt für ihre Söhne das Beste. Meiner wollte, dass ich nicht so hart arbeiten muss; also lernte ich zunächst Feinmechaniker – aus dem dann später ein Filmstar, ein Gesangsstar und jetzt auch noch ein Unternehmer wurde. Aber ganz ehrlich: Ich wäre trotzdem lieber Koch geworden.

Der Papa hat immer gesagt, nicht das Kochen ist wichtig, sondern das Abschmecken: „Kochen kann a jeder, fürs Abschmecken musst a Zungerl haben". Und das hab ich anscheinend. Als Junge durfte ich beim Papa mitkochen: Dosen öffnen, Zwiebeln und Champignons schneiden, Salate vorbereiten, waschen, anmachen, garnieren; das machen halt immer die unteren Dienstgrade. Später durfte ich dann auch Soßen abschmecken. Langsam aber sicher wurde ich an die Kunst des Kochens herangeführt. Papa war ein sehr guter Lehrmeister.

Ich koche zu Hause immer, wenn ich Zeit habe. Vor allem in meiner zweiten Heimat Arizona koche ich jeden Tag für meine Frau Kiki. Sie kann auch kochen, hat aber meistens keine Lust; ich habe fast immer richtig Lust dazu. Ich setz mich dann hin, mach den Fernseher an oder das Radio, nimm mir ein Glaserl Wein und schneid meine Zwiebeln oder Paprika oder was ich sonst so brauche; und wenn ich Lamm mache, wird es erst mal eingelegt. Dann kommt es drauf an, was es dazu geben soll.

Vielleicht schlafe ich auch zwischendurch eine Stunde und mach dann weiter, so richtig relaxt halt, fast meditativ. Mein Lamm mit Blattspinat, mit Weißwein abgelöscht und Pfefferminzchili schmeckt tierisch gut.

Wolfgang Fierek hat Spaß mit seiner Küchencrew auf der Punta Trieste: Wirt Willy Costamoling und Chefkoch Volker Reiner.

ALTA BADIA
Davidoff
CIGARETTES
Ütia
2002
BORN TO

Davidoff
CIGARETTES
ALTA BADIA
Ütia Punta Trieste
2002
BORN TO COOK

Fierek's
MOTOR
HARLEY-DAVIDSON
CYCLES
MUNICH
HOT

Für „Cooking for Friends“ in Alta Badia hatte ich mir allerdings die louisianische Küche ausgesucht. Ich fand es total exotisch, ein Gericht wie Jambalaya, das aus einem Land mit fast tropischem Klima kommt, in den Bergen zu servieren. Das ist mal was anderes, nicht immer dasselbe für den Gaumen. Wie man mich eben kennt – immer anders angezogen, mit Jeans und Hawaiihemd –, so passt auch die ungewöhnliche Küche zu mir. Andere Sachen kann der Schubeck besser oder der Elmar Wepper.

Ich hab auch meine Küchenschürze angemalt, weil ich denke, man muss im Leben nicht immer alles so lassen, wie es ist. Vielleicht kommt das aus meiner Kindheit: Ich durfte selten was verändern – „Das war so, ist so und bleibt so!“ – und jetzt hat sich das Bedürfnis zur Veränderung verselbstständigt. Zum heißen Essen gehören auch ein paar Flammen auf die Schürze. Flammen sind was Bewegliches, verändern sich ständig, können sehr grazil und auch sehr gefährlich sein – das gefällt mir. Und „born to cook“ stimmt sowieso.

Jambalaya war früher ein Arme-Leute-Essen, so eine Art afrikanische Paella; Reis mit Hühnchen, mit Sellerie, verschiedenen Gewürzen, die ganz wichtig sind. Die kreolischen Gewürze habe ich aus Amerika mitgebracht, weil man die in Deutschland kaum bis gar nicht bekommt. Du brauchst einen speziellen Chili und Cayenne-Pfeffer, das bekommt man in Louisiana auf jedem Markt – genau wie die schon fertigen Gewürzmischungen, die ich nach meinem Geschmack ein bisserl verfeinere.

Volker, der Koch, und Willi, der Wirt der Punta Trieste, wo ich kochen sollte, waren mit meiner Wahl einverstanden. Das Wichtigste ist, sich mit den Einheimischen anzufreunden, und das ist bei den Südtirolern nicht schwierig. Ich mag die Südtiroler gern: stolze, eigensinnige Menschen, von den Bergen geformt. Ich gehe auch gern in die Geschäfte und Kneipen, um alles über die Menschen zu erfahren, mit denen ich zu tun habe.

In der Früh stellte mir Willi ein Skidoo hin. Toll – Vollgas mit so einer Maschine rauf ist was anderes als Vollgas mit Skiern runter, vor allem für mich als Harleyfahrer. Und in dieser wunderschönen Landschaft ganz allein, ohne Skifahrer, auf der Piste, mit dem geilen Panorama – da kommt man in die richtige Stimmung. Es war ein wunderschöner Tag: blauer Himmel, guter Schnee. Skifahren war immer meine favorisierte Sportart; ich liebe die Berge über alles, Erholung pur und nette Leute auf der Piste. Was will man mehr? Nun ja, an diesem Tag zumindest eine gute Jambalaya vom Fierek und seinem Partner.

Ich hab mich mit dem Koch gleich wunderbar verstanden, wir waren auf einer Wellenlänge; er hatte auch schon louisianisch gekocht. Da haben wir uns erst mal einen guten Schluck Rotwein aus dem ausgezeichneten Weinkeller gegönnt, den es auf der Hütte gibt, und geratscht. Dann ging’s langsam zum Kochen über. Wie es sein soll: gemütlich und relaxt.

Wir hatten drei Stunden Zeit, bis die Meute kam: immerhin über 80 Personen. Es war noch nie ein Problem für mich, für viele zu kochen. Ich hab allerdings auch noch nie in Gramm gedacht. Ungefähr weiß man doch, wie viel man selber isst, ob ein halbes oder ein Viertel Hähnchen, und den Rest mach ich Daumen mal Pi. Wichtig ist, dass man Gefühl hat für die Zutaten – es nützt ja nichts, wenn der Reis verkocht ist und der Sellerie noch nicht ganz fertig. Es ist alles Gefühlssache, ob für 100 oder vier – mehr Spaß macht’s für 100.

Ich hätte mir natürlich gewünscht, dass meine Freunde und Kollegen auf ihrer Hüttentour mehr Zeit gehabt hätten, mein Jambalaya zu genießen, und nicht mit einem von zwei Gängen gefüllten Bauch zu kommen, um dann per Helikopter zum Dessert auf die nächste Hütte zu entschwinden. Ich gebe aber zu, dass meine kleinen Appetizer, die Cajun-Shrimps, sehr gelungen waren und sofort in noch hungrigen Skifahrermägen verschwanden. (Kleiner Tipp: Scampi einlegen in Erdnussöl, mit der Gewürzmischung: viel Knoblauch, Thymian und ein bisschen mehr Cayennepfeffer, damit sie schön rot werden; und nach höchstens vier Minuten rausnehmen, damit sie noch den richtigen Biss haben!) Es hat allen geschmeckt – aber dafür macht man’s ja, wenn man eigentlich zum Koch geboren ist.

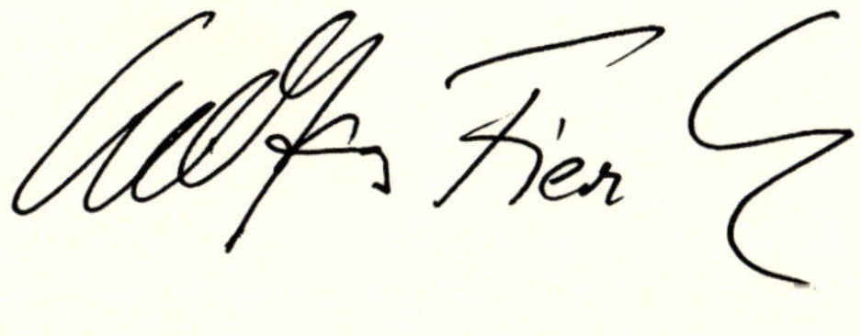

Die feine Gewürzmischung aus Louisiana in der Harley-Davidson-Dose musste mit auf die Punta Trieste. Wolfgang Fierek überlässt in der Küche nichts dem Zufall – schließlich ist er „born to cook“.

Dilber Dudagı
Krass-konkrete Liebeslippen

1 Tasse von dem grob verkörnten Zucker
1 Zitrone dem sein Saft, aber durschgeseiht
1 Tasse Weizenmehl | ¼ TL Salz | ¼ Tasse Butter
2 große Eier leischt verquirlt | 1/8 TL Mandelaroma, aber nisch von dem alten Wintermandel von deim Vater | Öl zum Formen und Backen, mindestens 10W40 | Schläger-Rahm oder Kaymak (dicker Rahm) | ¼ Tasse fein gehackte Pistazien | mehrere heiße Bräute als Püblüküm

Erstens nimmst du dem Zucker und haust ihn voll sanft in so mittelgroße Topf rein. Aba nisch Auspufftopf. Und dann verkomplimentierst du 150 ml Wasser mit rein, damit die beiden Zutaten quasi miteinander sexuell werden und miteinander konkret rummachen. Kannst du auch bissl nachhelfen mit Rührlöffel, aber nisch zu oft, damit du nisch des Liebesglück von die beiden stören tust.
Dann kommt krass der Zitronensaft dazu und macht quasi Dreier mit denen. Nisch Auto sondern halt „ahle drei susammen". Darfst du Peep-Show-mäßig viertel Stunde zuschauen. Aber nisch vergessen neue Münze nachzumwerfen.
Langsam aber easy werden Mehl und Salz auch spitz. Tu sie aber nisch bei die konkrete Orgie dabei rein, sondern tu sie schön gemeinsam dursch so Sieb durschschütten, am besten auf Zewa Wix & Weg.
Nimmst du jetz größeren Topf, so mit 30 cm Durschmesser. Durschmesser is des, was da Heiko mal vom Rado vercheckt bekommn hat. Da brauchst du Wasser und Butter dazu und dann machen die da drin so bissl sexuell, bis sie halt kochen tun. Und jetzt kommst du als der krasse Orgienmaster: Ohne dass die im Topf drin was merken müssen, jetz Mehl und Salz langsam mit rein und quasi bei der krassen Didscheridu-Party mitmachen. Kannst du ja so Holzlöffel nehmen und dezent mithelfen. Aber gibst du nur voll sanft Stoff mit Heizplatte. Du gibst dem Takt an. Wenn der Teig dann so langsam sisch vom Topfrand distanzieren tut – weil der soll ja nisch mitmachen – is Zwischen-Orgasmus erreischt. Und der muss jetz erstmal 5 Minuten so vor sisch hinblubbern. Aber schön rühren, weil sonst gibt's Bröckschen im Bett …
Jetz muss sisch dem ganze Orgie erst mal in normale Schüssel 2 Minuten downcoolen. Danach müssen deine 2 Eier rein und dem Mandelaroma mit dazu wegen Geruch. Der ganze Swingerclub braucht jetz bisschen Haue mit Holzlöffel damit alles konkret glatt wird.
Alles glatt in Islamabad? Jetz nimmst du mit schön eingeölte Hände immer so Kugeln aus dem Teig raus, ungefähr so groß wie standardgroße Liebeskugeln, und drückst die platt, damit so sex Zentimeter Durschmesser große Scheiben draus werden. Die Scheiben zusammenklappen, damit so Kussmund draus wird. Nisch küssen, sondern auf eingefettetes Tablett legen. Die Lippen sin fast fertig. Jetz brauchst du große Bratpfanne mit so 1cm hoch Öl drin, des was heißwarm sein muss. Dann legst du die Lippen in des sexuelle Öl rein, sodass sie disch anschaunn als würden sie sagen „Hey Baby, komm mit rein, isch bin schon ganz sexuell eingeölt!" Aber du bleibst draußen und schiebst die krasse Pfanne in Ofen rein und gibst 15 Minuten lang Stoff auf 200 °C. Sobald die Lippen prall sin, kannst du sie ja mal wenden, damit sie den Pfannenboden küssen. Der braucht ja auch Liebe.
Vorsischtisch mit Schaumlöffel die Lippen aus dem Öl rausholen und auf Zewa Wix & Weg legen. Jetz checken sie 5 Minuten in den schwülen Zucker-Zitronen-Sirup, wo du sie auch mal schön drin wenden tust. Bevor du nächste Runde Lippen backen willst, Pfanne mit dem Öl drin erst bisschen abkühlen lassen.

Serviervorschlag: Zum Servieren in die offenen Lippen dem Rahm rein, quasi wie Zunge. Und dann Pistazien draufstreuseln, damit's aussieht wie Zungen-Herpes. Brontalen Appetit!

Weinempfehlung:
Arunda Brut, Sektkellerei Josef Reiter – brillant volles Strohgelb mit feine Perlage – heftig – leicht nach Trockenfrüchten riechend – warm, weich – langer Abgang

Weil türkische Nachspeise kann fett süchtig machen

Erkan & Stefan

Da Erkan und ich warn halt schon fett verdutzt, wie die krasse Birgitt Wolff uns eingeladen hat, um für sie und ihre Friendz was zum kochen. Wir halt erstmal so – Frage: „Wo soll'n des sein?" Und sie halt dann so – Antwort: „Alta Badia!" Und ich dann halt so zum Erkan: „Alta, wo is'n Badia?" Aber die Birgitt hat dann gemeint, des is null des Prob, weil sie stellt uns n krassen Range Rover hin, und der hat n Navi drin. Stellt sich halt orginal raus, des Teil is in Südtirol. Voll schwul, weil keiner von uns weiß so genau, wo eigentlich sein Reisepass rumcheckt. Und dann auch noch des Problem mit dem Kochen. Wär halt schon fair, wenn wir da irgendwie drum rumkommen. Aber die Wolff, wie Bunnies halt so sin, lässt halt minus locker: „Nee – und heul – und langweil halt – ihr müsst schon was kochen, weil ohne Kochen is „Cooking for Friends" halt mehr die Minus-Veranstaltung." Okay – mussdu mit leben.

Da Orginalplan war, dass wir halt heimlich was vom Ekki seim Döner-Bringsdu-Ins-Haus-Service kommen lassen, aber der Ekki hat gemeint, er liefert ungern ins Ausland, weil da hat er halt schlechte Erfahrungen gemacht von wegen Warmhalten und internationaler Haftbefehl und so. Und dem Erkan seine Mama, die Ayse, die hätt fett für alle aufgekocht, bloß die hat an dem Tag den brontal wichtigen Termin bei Nagelstudio gehabt. Scheißendreck, Alta! Wir müssen selber kochen.

Als erstes muss halt des dezente Rezept her. Weil wenn wir zwei coolen Schwörer da jetz irgendso schwindlige Gerstensuppen machen oder halt so die fünfte Variation von Ei im Glas, des kommt halt mehr so instabil rüber. Aber des heilige Rezeptbuch vom Erkan seiner Mama liegt halt leider im Wohnzimmerschrank, und der is abgesperrt. Dann is uns grad noch eingefallen, dass wir ja mal nach so nem krassen Wochenende gemeint ham, wir bringen mal so'n Kochbuch raus. Und da war des Rezept auch drin.

Jeder denkt halt, wir essen nur Döner. Aber des is halt null wahr, weil wir essen auch andere Sachen. Wir ham halt lange hin und her und rumüberlegt, was jetz zu sona Veranstaltung am konkretesten wär. Und weil's beim Skifahren eigentlich mehr um Après-Ski geht, ham wir uns für was Erotisches entschieden. Was Süßes zum Dessert quasi. Und als absolut todsicheres Rezept, wo bei uns in der Hood jede Frau schwach wird, gibt's da nämlich die Dilber Dudagı, quasi so sexuelle Lippen aus Teig mit Kussmund und Zeugs drin.

Aber jetz erstmal die Anreise. Der Range Rover war voll des Monster! Krasserweise kann der nämlich hydraulische Höhenverstellung machen. Und wenn du damit an der Ampel neben andere Jeeps stehst, kannst du voll lässig die Typen im anderen Auto anstarren, als ob nix wär, und gleichzeitig die Karre zwanzig Zentimeter größer machen. Leider

hat's nach Alta Badia nich so viele Ampeln gehabt. Nach Italien gibt's nämlich Autobahn. Die Birgitt hat gemeint, da bist du in drei Stunden unten. Da Erkan hat gemeint, des machen wir in einer Stunde, aber heimlich ham wir uns vorgenommen, dass wir uns an die 50 Minuten hinarbeiten wollen. Schwulerweise war des Navi von dem Range Rover nicht so krass europa-orientiert und hat von Alta Badia halt null die Checkung gehabt. Nach fünf Stunden sin wir dann endsfertig und aggressiv da unten angekommen und wollten eigentlich dem Erstbesten, der was uns blöd anlabert, n paar Kicks reinmassieren. Da is auch schon der Wolfgang Fierek im Hotel rumgstanden und hat uns als Hip-Hopern original den Text gepresst von wegen die Rolling Stones und Harley Davidson und so. Und sein Chevy Tahoe war auch höher als unser Range. Aber wir warn voll brav. Vor allem seine Tussi war ja dabei.

Und jetz muss ich sagen, wir ham schon fettes Glück gehabt, dass die Nachspeise mehr so aufwändig herzumstellen is. Mit einzeln im Fett rausbacken und so, also ends der Stress. Deswegen ham die für uns am nächsten Tag um fucking sieben Uhr morgens so'n Sternekoch aufgestellt, der was mit uns dann in so abgefahrener Küche eingelaufen is. Als ich dann mal so direkt nachgefragt hab, ob des nisch der brontale Widerspruch in der Markenphilosophie is, sich als 3er-Sternekoch zu bekennen, hat er gemeint, des hat mit den Autofirmen nix zu tun, und außerdem is er eher bekannt als einer von den „Jungen Wilden" in da Kochszene. So direkt krass wild-style-mäßig war er zwar nich unterwegs, aber ehrlich gesagt, so verschwört kenn ich mich in da Kochszene auch nich aus. Keine Ahnung, was da hip is.

Alta, stell dich des vor: Wir also voll mitten am frühen Morgen mitten in Badia, Alta, in so krasse vollverchromte Großküche mit dem fetten Equipment, krass verspoilert und halt so 50 Köchen, die was nur auf unsere Ansage gewartet haben. Also ham wir voll Gas gegeben, weil des muss ja alles fertig werden. Sonst heißt's auf einmal, Schlagzeile: „Erkan & Stefan lassen deutsche Promis im italienischen Schnee verhungern." Des war nisch da Plan. Auf einmal fett der Schock, weil unser Rezept war ja eigentlich nur für vier,

Thema beswingter Pärchenabend und so. Jetzt stell dich mal vor, du musst des für 80 Leute machen. Wir so – Frage: Wie soll'n des gehen? Der Erkan hat dann die Idee gehabt, die Angaben im Rezept einfach mal 20 zu nehmen. Voll brainig, aber so ham wir's dann halt auch gemacht.

Wenn du dann erstma gecheckt hast, dass Kochplatten auch nisch viel anders funksionieren tun wie klassische Plattenteller, hassu eh schon gewonnen und kannssu viel Spaß haben in Küche. Du brauchst nur genau wissen, was du wann auflegen musst und wie du's am besten anheizt. Du musst den Laden zum Kochen bringen, des is da ganze Trick! Ok, vielleicht hat da Erkan fast zu krass Gas gegeben, aber bei ihm is halt voll der Küchen-DJ durchgegangen und er hat halt voll mit Töpfen, Eiern und Teigwaren um sich geschmissen. Die Messer fand er besonders scharf. Hey, und wenn einer mal korrekt motiviert is, dann soll man ihn nisch bremsen. Sagt der Trainer. Naja, schon irgendwie schade um die nagelneu Großküche von dem 3er-Sternerestaurant. Aber die war'n bestimmt versichert. Alles ganz easy, weil dann organisieren wir ihnen gebrauchte 5er-Restaurant, zwar ohne Garantie, aber zu gleiche Preis.

Wie die 80 Portionen fertig waren, standen da zwei Checker ganz stolz vor ihrem Werk, insgesamt 160 sexuelle Lippen in der Mitte mit Erdbeerfüllung. Die paar Dutzend Fehlversuche, die was sich an der Decke festgebissen haben, nisch mitgezählt.

Später, wie wir den anderen unsere sexuelle Nachspeise im Freien auf 2000 Meter serviert haben, hat's so massiv geknistert, dass sofort die brontale Schneeschmelze eingesetzt hat, schwöre! Ein Bunny hat einfach nisch aufgehört zu naschen und zu uns gelobt: „Ich wusste gar nicht, daß die türkische Küche so vorzüglich sein kann." Nachdem wir geklärt haben, was „vorzüglich" bedeutet, hat der Erkan aufgeposed und ihr geantwortet: „Passu besser auf, weil türkische Nachspeise kann fett süchtig machen." Den Spruch hat der Erkan dann noch so ungefähr 200-mal gebracht. Erst beim Frühstück am nächsten Morgen hat er endlich gecheckt, dass seim neusten Slogan vielleicht nisch so des Dauerpotenzial innewohnt, weil sich jeder die Ohren zugehalten hat.

Trotzdem waren alle endshappy mit dem Kochen und dem Skifahren in den Bergen und so. Des mit dem Skifahren war eh so hart, weil des ham wir bis jetzt halt nur vom Computer gekannt. So krass, dass ma des jetz auch in Echtzeit machen kann! Voll die Experience. Wir ham der Birgitt, die was des alles organized hat, dann noch verklärt, daß wir auch noch andere Sachen kochen können, und ihr den Vorschlag gemacht, ob sie nisch nochmal so'n Cooking-Event planen kann, so eventuell auf 50-Meter-Yacht in da Karibik mit 50 Köchinnen in knappen Bikinis, die was uns bei den Zutaten helfen. Sie hat gemeint, vielen Dank für die Idee und ob nisch zwei Yachten besser sind, für jeden eine? Für uns prinzipiell ok, wir sind da flexibel. Sie meldet sich dann bei uns. Wir freuen uns schon!

Erkan + Stefan

Ein Skitag in Alta Badia: Am Abend vorher Feiern im L'Murin, morgens um 6 Uhr in die Küche vom Rosa Alpina und am Nachmittag werden sie auf der Hütte serviert – die heißen Liebeslippen von Erkan & Stefan, für ihre Liebsten Bettina Zimmermann und Stephanie Steward.

„Cooking for Friends“ in Alta Badia. Die Hobbyköche sind geschafft: Sascha, Stefan, Claudia, Erkan, Thure und Wolfgang nach ihrem Volleinsatz auf vier Skihütten.

Beim Tanzen in Skianzug und Skistiefel wird nach der Abfahrt Platz geschaffen für die abendliche Kalorienaufnahme: Im L'Murin des Romantikhotels La Perla in Corvara geht die Post ab – auch für Suzanne von Borsody und Jens Schniedenharn (oben) sowie Erkan & Stefan und Wolfgang und Djamilla Fierek.

Drei Tage in Paris

1. Tag: Am Abend: Ankunft von Michael Mendl, Erol Sander und Caroline Goddet, Heikko Deutschmann und Iris Böhm, Sven Martinek und Kader Loth, Max von Thun und Doreen Dietl, Christine Neubauer und Lambert Dinzinger, Frank Giering und Angela Peltner, Wayne Carpendale und Philipp Uthoff im Sofitel Arc de Triomphe. Dinner im „Le Parc".

2. Tag: Elizabeth Teissier führt gemeinsam mit Lebensgefährte Gerhard Hynek ihre Gäste durch Paris: Die Sorbonne und der Eiffelturm stehen an erster Stelle. Elizabeth Teissier und Pierre Cardin haben den ganzen Nachmittag gekocht und empfangen ihre Gäste im Maxim's. Tanzen bis in die frühen Morgenstunden in der Barrio Latino.

3. Tag: Kochkurs mit Sternekoch Jean-Philippe Perol im Sofitel „Le Baltimore". Am Abend: Pierre Brice empfängt seine Gäste zu Hause und im „Le Restaurant" in Crépy-en-Valois.

Paris

Elizabeth Teissier und Pierre Cardin Pierre Brice

Bummel mit Elizabeth Teissier und Gerhard Hynek durch die Stadt der Liebe

Frau Dr. Elizabeth Teissier empfängt ihre Gäste in der Sorbonne.

„Paris ist eine erstaunliche Stadt, die sich jeden Tag neu erfindet, die man mit offenen Sinnen durchwandert", finden Iris Böhm und Heikko Deutschmann.

„Es ist schön, wie man plötzlich über Genuss und Kochen mit Kollegen näher zusammenrückt“, freuen sich „der Clown“ Sven Martinek und Kader Loth.

„Ich wollte ihr immer schon mein Paris zeigen.“ Max von Thun zeigt seiner Doreen Dietl die versteckten Winkel der Stadt.

MAXIM'S
DE PARIS

Bouillon de Poule

*

Poule au pot

Mousse au chocolat (ET)

*

Mignardises

Espace le Costa 2000

*

Côte du Liberon

Champagne Maxim's

Zwei Stilikonen sind Gastgeber im Maxim's:
Elizabeth Teissier und Pierre Cardin.

Pierre Cardin

Das Maxim's in Paris Fast auf den Tag genau 110 Jahre ist es her, dass ein gewisser Maxime Gaillard den Entschluss fasste, sich selbstständig zu machen. Der Kellner kratzte alles zusammen, was er auf die hohe Kante gelegt hatte, und erwarb in der staubigen Rue Royale, Hausnummer Drei, eine ehemalige Eisdiele. Ein paar Umbauten – vom Nötigen nur das Nötigste –, und am 23. April 1893 öffnete zunächst die Bar „Maxim's" – Anglizismen sorgten schon damals für bessere Umsatzzahlen –, einen Monat später dann das Lokal gleichen Namens. Das Restaurant wurde schnell zum Treffpunkt der „jeunesse dorée" der Stadt: ein Club für diejenigen, die viel Geld hatten, aber nicht so recht damit umzugehen wussten. Gaillard holte sich Frankreichs beste Innenarchitekten und angesehenste Künstler ins Haus. Das Maxim's wurde zum schönsten Restaurant der Metropole: Jugendstil, Wandmalereien, gebrannte Emaillearbeiten, schlingpflanzenartig gedrechseltes Holz, bleiverglaste Kuppel. Heute steht dieses noch immer einzigartige Dekor unter nationalem Denkmalschutz. Als Gaillard 1895 starb, hatte er zwar wegen der Anfangsinvestitionen noch einen Packen Schulden, aber er hinterließ den Erben auch einen Stapel von Schuldscheinen, die erlauchte Gäste bei ihm gegengezeichnet hatten.

Dann das Jahr 1900. Weltausstellung in Paris. Im Maxim's tafelten russische Großherzöge neben Milliardären aus Südamerika, deutsche Barone neben englischen Lords. Das Restaurant wurde endgültig zur Institution, bekannt auf allen fünf Kontinenten. Und es ging mit der mondänen Mode: Als die ersten Flugzeuge in die Luft stiegen, die ersten Stummfilme gedreht und die ersten großen Autorennen gestartet wurden, war das Maxim's Treffpunkt der Piloten, Schauspieler und Konstrukteure. Sarah Bernhardt, Roland Garros, die Renaults und die Citroëns, die Bugattis und Michelins gehörten zur Stammkundschaft und genossen Magie und Eleganz der Räumlichkeiten an der Rue Royale.

1907 kam zu einem Bruch in der bis dahin so schönen Geschichte: Gaillards Nachfolger verkaufte das Maxim's ausgerechnet an englische Geschäftsleute, die weniger interessiert an der Speisekarte waren, sondern in dem Komplex nur eine erstklassige Kapitalanlage sahen. Die Briten gaben erst

>>

Die französische Küche ist die beste

Ein gegrilltes Entrecôte von einem französischen Charolais-Rind? Oder doch lieber Farfalle-Nudeln mit Basilikum und geriebenem Parmesan aus der italienischen Region Emilia Romagna? Ich gebe es gern zu: Leicht ist mir die Entscheidung zwischen der Küche Frankreichs und der Italiens nie gefallen. Obwohl ich ein klein wenig doch viele Gerichte der Halbinsel vorziehe: Italienische Küche ist einfacher, Nudeln, Fleisch, die Beilagen werden simpler zubereitet. Trotzdem – die französische Küche ist die beste. Ein Widerspruch? Nein, nicht, wenn man weiß, dass mir Rita in jungen Jahren den Unterschied zwischen Essen und Speisen beigebracht hat. Ich lernte sie vor über 60 Jahren kennen, als ich mich als junger Mann in Paris auf den Weg machte, meinen beruflichen Platz in der Haute Couture zu finden. Rita, ein einfacher Vorname – aber ein Nachname, der mit die besten Seiten in der Geschichte der Kochkunst geschrieben hat: Escoffier. Rita war Tochter und Mitarbeiterin von Auguste Escoffier, in seiner Epoche um die Jahrhundertwende unbestritten einer der besten Köche der Welt und allen Professionellen als Autor grundlegender Fachbücher bekannt. Er bereitete als Erster die Nachspeise „Pfirsich Melba" zu und der deutsche Kaiser Wilhelm holte ihn 1906 für die Zusammenstellung der Menüs an Bord der Ozeandampfer der eleganten „Hamburg-Amerika-Linie". „Ich bin der Kaiser der Deutschen", sagte er zu Escoffier, „und Sie sind der König der Köche". Bei Rita war ich zehn Jahre lang jedes Wochenende eingeladen; kein Wunder also, dass ich mich in guter Küche auskenne. Bei ihr kam ich auf den guten Geschmack und bei ihr wurde mir zum ersten Mal das „Suppenhuhn à la manière d'Auguste Escoffier" serviert – ein Rezept, das ich mit großem Vergnügen für „Cooking for Friends" in meiner Küche des Maxim's zubereitete: einfache, französische Kochtradition und Beweis dafür, dass nicht alles, was dem Gaumen schmeichelt, kompliziert sein muss. Kochkollegin Elizabeth Teissier zauberte an diesem Tag die klassische Nachspeise des Maxim's, die „Mousse au chocolat". Ich sah in den Augen der Astrologin mit dem Doktortitel ungläubiges Erstaunen, als ich für mein „Poule au pot" sieben Kochtöpfe bereitstellte. Großer Aufwand für ein kleines Huhn? Nicht, wenn man es anschließend auf dem Teller serviert bekommt. Das Fleisch, die Gemüse – alles ist im Geschmack unvergleichbar, denn Karotten, Sellerie, Lauch, weiße Rüben, Kartoffeln und Zwiebeln werden separat gekocht. Erst dann schüttet man die verschiedenen Gemüsebrühen in den größten der Töpfe und legt das Huhn mit seiner Füllung hinein; so behält jedes der Gemüse sein „Parfum": Karotten schmecken nicht ein wenig nach Sellerie, die Kartoffeln nicht nach Zwiebeln. Sicher, das ist mehr Arbeitsaufwand; aber ich denke immer an die zufriedenen Gesichter später am Esstisch. Damit der Stress in der Küche nicht überhand nimmt, steht für

Seit 1977 gehört das Maxim's dem Modezaren Pierre Cardin.

>>
1931 das geschäftliche Zepter wieder ab; Octave Vaudable wurde zum Hauptaktionär. Er und sein Maître d'Hôtel Albert regierten das Maxim's mit fester Hand; sie führten eine strenge Kleiderordnung ein – noch heute kommt kein Herr ohne Krawatte in den Saal – und trafen eine unerbittliche Auswahl der feudalen Kundschaft, die vor dem Maxim's Schlange stand.
Nach dem Zweiten Weltkrieg zeigte sich erneut, dass das Maxim's immer mit der Zeit ging. Jetzt trafen sich Manager und Industriekapitäne zu den geschäftlichen Déjeuners. Vaudable erkannte, dass sich mit den exklusiven Namen „Maxim's" gute Geschäfte machen ließen. 1948 bereiste er den Globus, um rare Alkoholspezialitäten aufzukaufen und – wie auch den hauseigenen Champagner – unter dem Label „Les caves Maxim's" zu vertreiben. 1968 gründete er den „Maxim's Business Club", eine elitäre Institution, die auch im 21. Jahrhundert noch besteht und nichts von ihrer Attraktivität verloren hat. Im November 1977 schlossen sich Louis Vaudable und Pierre Cardin zusammen. Vier Jahre später war der Modeschöpfer und Designer alleiniger Patron – in einem Restaurant, das längst zur Legende und zu einem Monument der Gastronomie und des guten Geschmacks geworden ist.

mich immer Weißwein in der Nähe der Arbeitsplatte: Ein Schlückchen zwischendurch macht mein Vergnügen am Herd noch größer. Köche sind meist lustige Menschen – und besonders kreativ, wenn sie im Sternbild des Krebses geboren sind; das hat mir Elizabeth Teissier verraten. So etwas freut mich – als Krebs. Vielleicht ist das auch der Grund, dass ich in der Küche immer weiße Handschuhe trage, eine Tradition im über ein Jahrhundert alten Maxim's, an die sich auch heute meine Köche halten müssen.
Die Zeiten in der Luxusrestauration haben sich geändert: Als ich vor fast 30 Jahren das „Maxim's" gekauft habe, arbeiteten noch 150 Personen in der Küche. Heute sind es gerade noch ein halbes Hundert, die schneiden, köcheln und kochen, backen und braten, anrichten und servieren. Die Chefs sind von mir angewiesen, nur traditionelle französische Gerichte für die Speisekarte zuzubereiten. Was auf dem Teller kommt, muss unkompliziert sein; der Gast muss sehen, was er isst, nachvollziehen können, was die Intention des Kochs war. Das hatte ich vor nun fast 25 Jahren für das Maxim's bestimmt, und es ist bis heute so geblieben. „Maxim's" war ein Name – ich machte ihn zum Markenzeichen, bekannt in aller Welt: Champagner, Wein, Porzellan, Mineralwasser – insgesamt vergab ich 800 Lizenzen. „Maxim's" ist heute ein Begriff, den man in Tokio ebenso gut kennt wie in New York, Moskau oder Rio de Janeiro.
Bleibt das „Mutterhaus" an der Rue Royale. Hierher kommt man nicht nur, um zu dinieren. Hier wird im klassischen Jugendstil-Interieur ein Abend zelebriert: phantastischer Rahmen, eine exquisite Speisekarte, Produkte allererster Qualität, erlesenes Musikpro-

Pierre Brice und seine Drillinge (von links): Ehefrau Hella, Hummy Wisgickl und Gaby Dück.

gramm, alles verpackt in auffällige Eleganz. So denke nicht nur ich; jeder kennt doch das Lied des österreichischen Komponisten Franz Léhar aus „Die lustige Witwe", das man sogar in Nordamerika vor sich hin summt: „Heut geh' ich ins ‚Maxim' ...". Nur, die Legende an der Rue Royale ist eine Ausnahme: Ein Dinner wird zum Erlebnis. Tradition wird groß geschrieben. Drei, vier Stunden sitzt man am Tisch und genießt, wie ein kulinarischer und optischer Traum zur Realität wird.

Wer nimmt sich heute noch die Zeit, drei oder vier Stunden in einem Restaurant zu verbringen? Sicher nicht die Geschäftsleute. Dafür haben sie zu viel zu tun. Zeit ist Geld; zudem wollen sie die schlanke Linie halten, für Geschäfte und ihre Frauen und Freundinnen jugendlich bleiben. Zu viel Service ist für sie überflüssig, sie wollen sich unterhalten und nicht gestört werden, von dicken Saucen und endlosen Speisefolgen ganz zu schweigen. Wie der Service musste sich auch die Küche in den Restaurants umstellen. Ich bin Gast in 600 Restaurants in aller Welt, 20 davon in Paris. Natürlich bin ich Stammgast im „Maxim's". Die anderen Restaurants sind viel einfacher, mit entsprechend niedrigeren Preisen. 30 oder 40 Euro inklusive Wein gebe ich aus. Ein Stück gegrilltes Fleisch, sehr oft Hühnchen, frische, hausgemachte Nudeln, bunte Salate stehen auf dem Bestellzettel. Ich bin aber auch mit einer Käseplatte zufrieden – wenn Weißwein dazu gereicht wird. Rotwein vertrage ich weniger. Meine geschäftlichen Verpflichtungen im In- und Ausland lassen mir allerdings immer weniger Zeit, Freunde zu bekochen. Allein mit Pfanne und Topf zu hantieren ist ein freundliches, aber egoistisches Vergnügen. Dagegen bleibt „Cooking for Friends" eines der schönsten gesellschaftlichen Ereignisse, die ich mir vorstellen kann.

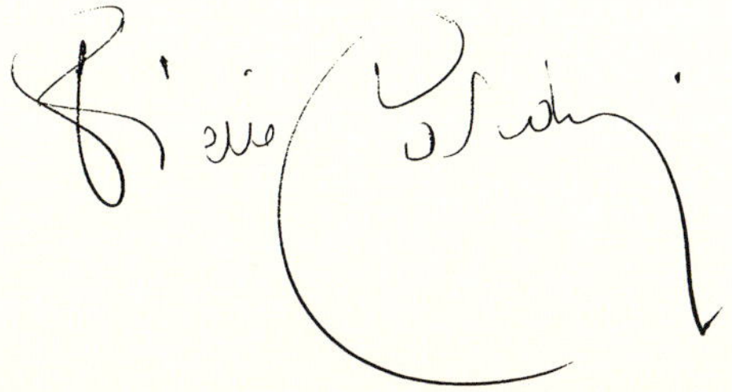

„Cooking for Friends" im berühmtesten Restaurant der Metropole: dem Maxim's.

Philippe Gravouille: Der schönste Beruf der Welt

Sein Großvater war einer, der Vater auch – was lag also näher, als dass Philippe Gravouille ebenfalls Koch wurde? Mit seinen 32 Jahren hat er aber bereits eine brillante Karriere hinter sich gebracht, auf die er und die älteren Generationen stolz sein können: Er ist Chefkoch im Pariser Maxim's. Besitzer Pierre Cardin höchstpersönlich bestimmte ihn für diesen Posten. „Ein hervorragender Koch, ich habe volles Vertrauen zu ihm. Er wird die Tradition unseres Hauses fortführen: modern zu sein, ohne oberflächliche Modeerscheinungen in den Speisezettel aufzunehmen. Außerdem hat er die Portion gesunde Autorität, die einen großen Chef auszeichnet".

Zu Beginn des 20. Jahrhunderts arbeiteten in der Küche an der Rue Royale 150 Köche, heute sind es noch zehn – mit einem Arbeitsrhythmus, der vielen alles abverlangt. Zubereitet werden Déjeuner und Diner. Alles muss auf die Sekunde stimmen, Garzeiten sind genauestens einzuhalten. „Was am Anfang wie ein unübersichtliches Durcheinander aussieht, endet mit einem perfekt angerichteten Teller, einer Sinfonie für Auge und Gaumen", sagt Philippe Gravouille. Er und seine Männer in den weißen Schürzen hantieren mit hundert schweren Kupfertöpfen; und sie verwenden nur Gas. „Damit macht man die beste Küche. Das gilt übrigens auch für das Kochen im privaten Bereich."

Zweimal im Jahr wechselt unter Philippe Gravouilles Verantwortung im Maxim's die Karte mit dem Menü. Aber er überarbeitet jeden Monat die Rezepte. „Ich ändere oft die Beilagen, weil ich nur frische Produkte verwende." Alles hängt von der jeweiligen Jahreszeit ab. „Das ist wohl der beste Tipp, den ich Freunden guter Küche geben kann: So häufig wie möglich einheimische Produkte verwenden. Wir importieren kaum Sachen aus dem Ausland; das meiste kommt aus Frankreich."

Der junge Küchenchef des Maxim's wurde in Saint-Nazaire, der traditionsreichsten Marinestadt am Atlantik, geboren. Was er als Koch am liebsten isst? „Natürlich Fisch, denn mit Fisch kann man einfach alles machen." Auch Kompliziertes wie „Mit Tapenade gefüllter Rötling mit Gemüse-Hummer-Frikassee" – eine Erfindung von Philippe Gravouille.

Ein Gericht wird nicht leicht auf die Speisekarte des Maxim's gesetzt. In der Kochkarriere des Maxim's-Küchenchefs spielen die Regionen, in denen er groß geworden ist, eine große Rolle: die Bretagne und Vendée. „Meine Küche will mit der Natur im Einklang sein. Wie zum Beispiel ein Fisch in einem Fluss: Ich gehe oft am Ufer spazieren und schaue, was in der Umgebung Essbares wächst. Und das

>>

Suppenhuhn „Poule au pot"

1 Suppenhuhn | 4 Lauchstangen | 4 Karotten 4 weiße Rüben | 1 Kräuterstrauß | 1 Selleriezweig | 1 Zwiebel mit einer gesteckten Nelke

Für die Füllung:
100 g gekochter Schinken | 50 g Parma-Schinken | 150 g altbackenes Brot | 1 Knoblauchzehe 1 EL gehackte Petersilie | 1 Ei | 1 Eigelb | Salz Pfeffer

Die Leber und das Herz des Huhns und den Schinken sehr klein schneiden, Brot, den klein gehackten Knoblauch und die Petersilie hinzugeben. Dann das Ei und das Eigelb. Salzen und pfeffern. Alles zu einer Paste vermischen. Die Füllung in das Hühnchen geben.
Das Huhn in einen großen Topf legen, mit Wasser bedecken, Suppenzutaten einlegen und, je nach Größe des Huhnes, 1½–2 Stunden köcheln lassen. Den dabei entstehenden Schaum häufig abschöpfen. Nach der Hälfte der Kochzeit die Gemüse hinzufügen.
Die Füllung aus dem Huhn nehmen und in Portionsteile schneiden.

Serviervorschlag: Die Gemüse um das Huhn auf einem großen Teller anrichten. Die vorher entfettete Brühe getrennt servieren.

Weinempfehlung:
Espace La Costa 2000 (Pierre Cardin), Le Château de l'Isolette, Côte du Lubéron – klare und dichte Farbe – ausdrucksvolles Bukett mit Geschmack von dunklen Früchten und wilden Beeren – im Mund seidenartig, warm und ausgeglichen – dezente Nuancen von Eiche

Mousse au chocolat E. T.

65 g Kristallzucker | 4 Eigelbe | 125 und 425 g Sahne | 200 g Bitterschokolade, 55 % Kakaoanteil

Zucker und Eigelb schaumig schlagen. 125 g Sahne zum Kochen bringen, die Hälfte über die geschlagene Eigelb-Zucker-Mischung geben. Vermischen und mit der zweiten Hälfte Sahne auffüllen. Im Wasserbad eindicken (wie eine englische Creme oder Vanillesauce). Die Mischung über die zuvor klein gebrochene Schokolade gießen. Die 425 g Sahne schlagen und nach und nach in die Mischung einarbeiten. 1 Stunde in den Kühlschrank geben.

Dekorationsvorschlag: Die Schokolade so bearbeiten, dass sie glänzt und bei normaler Temperatur nicht schmilzt.
150 g weiße Schokolade bei 45 °C schmelzen. Die Temperatur auf 27 °C reduzieren und sie dann, wieder mit Hilfe eines Thermometers, auf 29 °C erhöhen. Ja nach Geschmack auf die dünnen Schokoladenscheibchen Motive, Buchstaben oder Zahlen aufzeichnen.

>>
kommt dann auf den Teller." Auch das gehört dazu, wenn er jedem, der es hören will, versichert: „Ich habe den schönsten Beruf der Welt." Oder dass er so oft wie möglich zum größten Markt der Welt fährt: nach Rungis, unmittelbar neben dem Flughafen Orly gelegen. „Morgens um drei bin ich in den Fischhallen, um acht beim Gemüse." Zwischen Mittags- und Abendservice fährt er täglich heim zur Familie ins 25 Kilometer entfernte Chilly-Mazarin. Trotzdem ist er oft der Erste, der in die Küche kommt, und der Letzte, der geht.

Das alles hat der Liebe zur erstklassigen Küche keinen Abbruch getan – im Gegenteil: „Cooking for Friends" ist zu Hause Tradition. „Ich stehe auch daheim am Herd. Freunde bekoche ich mit besonders großem Vergnügen." Küchenmaschinen sucht man vergebens – der Meister macht alles mit Messer und Schneebesen. Verzehrt wird dann oft mit Muscadet. „Köche", sagt Pierre Cardin, „sind meist freundliche und lustige Menschen." Philippe Gravouille ist dafür ein fröhlicher Beweis.

Pierre Cardins Lieblingsgericht ist „Poule au pot". Er kocht es gemeinsam mit seinem Chefkoch Philippe Gravouille.

Die Starastrologin Elizabeth Teissier kennt jeder in Paris. Dass sie auch ein Genussmensch ist und gerne kocht, wissen die wenigsten.

Das Maxim's ist für mich was Besonderes

Elizabeth Teissier

Unser Menü wird wohl keinen vom Stuhl hauen, dachte ich mir. Denn unsere Freunde aus Deutschland hatten sicher gigantische kulinarische Erwartungen an einen Paris-Trip, mit großartigen Gerichten, wie Trüffeln, Gänseleber und dem ganze Drumherum. Und auf unserem Menü für „Cooking for Friends" stand: Pierre Cardin kocht ein Suppenhuhn und Elizabeth Teissier eine Schokoladen-Mousse.

So begann es zumindest, als ich vor der ehrwürdigen Pariser Universität Sorbonne auf Freunde, Journalisten und Promis traf. Es war sonnig, aber kalt. Ich erzählte von den aufregenden Stunden, die ich hier verbracht hatte. Meine Doktorarbeit, die mir nach sieben Jahren Büffeln zwar eine Promotion in Soziologie der angesehenen Sorbonne gebracht hatte, aber auch Protestaktionen einer Gruppe fanatischer Wissenschaftler, darunter gleich vier Nobel-Preisträger in Physik, die meine Arbeit kritisierten, obwohl sie keine Zeile davon gelesen hatten.

Lächerlich das Ganze, denn ihre Argumente beschränkten sich auf dumme Vorurteile. Der Minister ließ sie auch abblitzen und ich bekam von einer exzellenten Jury die Bestnote, „Très honorable". Meine Freunde staunten, verwundert, dass es im so freien Frankreich so bornierte gelehrte Köpfe geben sollte.

Oder dachten sie an unser Menü? Diese Frage stellte ich mir bis zum großen Dinner im legendären Maxim's.

Dazu muss ich aber kurz ausholen:

Als meine langjährige Freundin Birgitt im Sommer 2002 nachfragte, ob ich für einige Freunde kochen wolle, war ich spontan begeistert. Ich war dabei gewesen, als Anja Kruse in Dortmund ein tolles Menü zauberte, und fand dies eine schöne Idee.

Nach langem Überlegen und Zögern (bei Dutzenden Pariser Super-Kochkünstlern kein Wunder) stieß ich aufs Maxim's.

Bravo! Drei Fliegen auf einen Schlag!

Erstens: Der wohl weltweit bekannteste Fress-Tempel überhaupt. Hier waren schon alle gekrönten Häupter zu Gast, alle großen Stars.

Zweitens: Ich kenne und schätze seit Jahren den Besitzer Pierre Cardin, ebenfalls eine französische Ikone (nach de Gaulle und Bardot angeblich der bekannteste Franzose weltweit).

Und drittens: Das Maxim's liegt fünf Minuten zu Fuß von meiner Wohnung. Auch wichtig; denn am Tage unseres Koch-Treffens kam man in Paris wegen Antikriegsdemos nur zu Fuß oder per Fahrrad vorwärts.

Am Nachmittag kochten Cardin und ich vor laufenden Kameras. So konnten zumindest die Anwesenden sofort feststellen, dass nur der Name unserer Gerichte einfach klang.

Heut gehen sie ins Maxim's – das Erfolgsteam von „Davidoff Cooking for Friends": Dieter Hennemann (Produktmanager Reemtsma), PR-Managerin Birgitt Wolff und PR-Fachfrau Bettina Kornau (oben von links); Kinostar Frank Giering und Freundin Angela Peltner (unten) sowie die langjährigen Freunde Pierre Brice und Elizabeth Teissier.

Geburtstagskind Wayne Carpendale (links) und Christine Neubauer, die die Tage und Nächte in der Stadt der Liebe mit ihrem Ehemann, dem Sportreporter Lambert Dinzinger, genießt.

Pierre Cardin brauchte allein für die verschiedenen Gemüse seiner „Poule au pot à la Escoffier" ein gutes Dutzend Kochtöpfe. Probieren Sie sowas mal zu Hause für vier Personen!

Auch meine „Mousse au chocolat" hatte es in sich; vor allem die Menge machte mir Angst. Aber für 60 Personen braucht man eben knapp 50 Eier und einige Kilo Schokolade (schwarze natürlich). Da wurde geschlagen, gemischt, „unterzogen" ... Mir wurde Schwarz vor Augen, aber mit der Hilfe des Chef-Patissiers kam ich glücklich über die Runden ...

Nach drei Stunden Vorbereitung für mein Dessert ging es schnell nach Hause zum Umziehen. Noch ein Dankgebet, dass ich um die Ecke wohnte, denn in Paris stand an diesem Tag alles still: kein Auto, kein Taxi, kein Bus. Stattdessen aber ein endloses und sinnloses Hupkonzert! Gleich um die Ecke, vor der amerikanischen Botschaft am Concorde-Platz – nur 50 Meter vom Maxim's – brüllten sich 10 000 Demonstranten die Kehle aus dem Hals. Im Slalom ging es über den Platz, zwischen resignierten Autofahrern und fluchenden Taxi-Chauffeuren.

Maxims. Dieses Restaurant hat für mich eine besondere Bedeutung.

Als ich vor mehr als 20 Jahren meinen jetzigen Lebenspartner kennen lernte, lud er mich zum Dinner ins Maxim's ein. An einem Samstag-Abend; damals herrschte noch Smoking-Pflicht.

Der Direktor persönlich begrüsste uns mit tiefem Bückling:

„Herr Baron, Ihr Tisch ist reserviert."

Ein fragender Blick zu meinem österreichischen Freund. Man führte uns an einen der zwei besten Tische, normalerweise nur für außergewöhnliche Persönlichkeiten und Staatschefs reserviert.

Noch eine tiefe Verbeugung des Direktors, des Maitre d'Hôtel und zweier Kellner. „Wir wünschen einen angenehmen Abend, Herr Baron von Knittelfeld".

Ein Duo, das sich gegenseitig sehr schätzt. „Darf ich servieren, Madame ..." Pierre Cardin bedient Pierre Brice und Elizabeth Teissier ...

Ich konnte nur mühsam einen Lachkrampf unterdrücken und mein österreichischer Freund klärte mich endlich auf: „Das Restaurant war ausgebucht und ich wollte einen guten Tisch. Deshalb ließ ich eine Freundin reservieren, die diskret darauf hinwies, der Baron von Knittelfeld sei ein Urenkel des Kaisers." Das war immerhin nur eine halbe Lüge – Gerhard kam tatsächlich aus der steirischen Kleinstadt Knittelfeld, ist aber mit keinem Kaiser oder König auch nur entfernt verwandt.
All dies ging mir durch den Kopf, als ich abends im Maxim's unsere Freunde sah: Pierre Brice, elegant gekleidet, sieht nach wie vor blendend aus und niemand glaubt ihm auch nur annähernd sein Alter. Diesmal war er mit seiner Frau Hella und den beiden Drillingsschwestern da, hübsch und unmöglich auseinander zu halten. Außerdem der begeisterte Tänzer Michael Mendl, die glücklichen Eltern Erol Sander und seine französische Ehefrau Carolin, Sven Martinek, den auf dem Eiffelturm am Vormittag selbst japanische Fans bestürmten, Anja Kruses Ehemann Jean-Louis, der mich immer überreden will, wieder zu filmen, Kameras, Fotografen, Journalisten.
Nur kurz: Das Dinner verlief bestens. Das Suppenhuhn war toll, meine „Mousse" angeblich auch. Zumindest gab es viel Applaus. Es wurde getanzt und Pierre Cardin sang „Strangers in the night" – eine Premiere für diesen ansonsten recht schüchternen Krebs.
Kurz nach Mitternacht ging es dann noch ins Barrio Latino, einen Pariser Nacht-Spot: Salsa, Samba, Tequila, Spaß und gute Laune bis drei Uhr früh ...

Elizabeth Teissier ★

... „Mais oui, monsieur ..."
Elizabeth revanchiert sich beim Modezaren und seiner wichtigsten Beraterin Monique Raymond.

BALTIMORE

BALTIMORE
BALTIMORE
BALTIMORE

Hotel Sofitel
Paris Arc de Triomphe

Ein neuer Stern am Himmel der französischen Küche

Kochkurs Jean-Philippe Perol

Ein Morgen wie jeder andere in den Küchen des „Table du Baltimore“, dem Restaurant des Baltimore Sofitel Demeure Hotels in Paris. Der Küchenchef Jean-Philippe Perol kehrt vom Markt zurück. In seinem Korb befinden sich Früchte und Gemüse der Saison, aber auch fangfrische Fische aus Fluss und Meer. Produkte, welche die Schlüsselelemente einer authentischen und kreativen Speisekarte bilden, die sich stets an der laufenden Saison ausrichtet.

Ein herrliches „Macaron“ mit Selleriegeschmack, begleitet von einer „Crème glacée à la tomate“, ein Erbsenrisotto, eine Variation von Scholle und Jakobsmuscheln.

Jean-Philippe Perols Faible für Meeresprodukte ist auf seine bretonische Herkunft und seine Ausbildung bei Spitzenköchen zurückzuführen.

Im Jahre 1989, gerade von der Ecole Hôtelière du Breuil abgegangen, beginnt er, seine Künste im Hôtel Meurice zu perfektionieren. Wenige Jahre später bricht er nach Japan, dann nach Singapur und Hongkong auf. Er arbeitet an den schönsten Orten der Welt und sein Weg ist geziert von den bekanntesten Namen der Gastronomie.

Im Jahre 1994 wirkt er an der Eröffnung des „Pré Catelan Rio“ in Brasilien mit und beginnt seine Laufbahn im Unternehmen Accor, dem er bis heute treu geblieben ist. Zunächst „Second Sous-Chef“ bei Roland Durand, wird er unter dessen Nachfolger Frédéric Anton zum „Premier Sous-Chef“ befördert. Zurück in Paris im September des Jahres 1999 gibt er Unterricht an der „Ecole Lenôtre“, bevor er im Januar 2001 die Führung des „La Table du Baltimore“ in Paris übernimmt.

Das Baltimore Sofitel Demeure Hotel ist nur wenige Schritte von Trocadéro entfernt. Perfekter Service in herzlichem Ambiente steht ebenfalls auf der Speisekarte des Restaurants. Schon bei der Einrichtung wurde nichts dem Zufall überlassen: große, von Spiegeln überragte Sessel, dicker Teppichboden und der Duft von Blumen in blauen und violetten Farbtönen. Die angenehme und warmherzige Atmosphäre geben einem das Gefühl, zu Hause zu sein.

Unterstützt durch den renommierten Sommelier Jean-Luc Jamrozik hat sich der Chef eine dem Hause entsprechende Karte ausgedacht – einfach und raffiniert zugleich. Öffentlichkeit und Kritiker sind verzaubert. 2003 erkocht Jean-Philippe Perol für das „La Table du Baltimore“ den ersten Michelin-Stern. Seine leidenschaftliche Devise heißt: „Sich selbst Freude bereiten, indem man dem Gast durch das Kochen Freude bereitet“.

Luxus pur in den Sofitel-Demeure-Hotels: Im „Le Baltimore“ wird gekocht, im Arc de Triomphe gewohnt. Das Gebäude im Herzen der Pariser Geschäfts- und Erlebniswelt, unweit von den Champs-Elysées besitzt einen ganz besonderen Charakter. Die Dekoration im Stil Ludwigs XV. vereint kräftige Töne mit pastellfarbenen, Edelhölzer und Möbel des 18. Jahrhunderts mit Gravuren aus der damaligen Zeit.

Das Baltimore Sofitel Demeure Hotel wurde im Jahre 1892 als aristokratische Bleibe errichtet und liegt an einem der glanzvollsten Orte der Stadt Paris, 88 Avenue Kléber, zwischen dem Arc de Triomphe, dem Trocadéro und dem Eiffelturm.

Das vollständig renovierte Hotel hat 102 Zimmer und eine Suite, eine Bar, vier Konferenzräume und das Sterne-Restaurant „La Table du Baltimore“.

Die zeitgemäße Innenausstattung wurde der Innenarchitektin Christine Gérondeau anvertraut, die sich für die Bewahrung der klassizistischen Architektur und der angelsächsischen Geschichte des Gebäudes (im Gedenken an seinen berühmten Namensgeber Lord Baltimore) entschieden hat: mit einer Auswahl edler Materialien und englischer Stoffe in angenehmen Farbkompositionen (grau/rot, beige/violett, blau/braun), mit Möbeln im klassischen Design und detailverliebter Dekoration.

Das harmonische Ensemble erzeugt eine einzigartige, moderne und edle Atmosphäre, die das Baltimore Sofitel Demeure Hotel unter den „Etablissements de Charme“ der Pariser Prestige-Hotellerie kennzeichnet.

Jakobsmuscheln in Wasabi, serviert in Radicchioblättern

12 Herzstücke von Jakobsmuscheln | 1 Eigelb 200 ml Erdnussöl | Wasabi (japanischer Meerrettichsenf) | 20 g Sahne | 20 g Senf | Salz | Pfeffer | Muskatnuss | 10 ml Xeres-Essig | 3 kleine Köpfe Radicchio | 20 g Rucola

Das weiße Herzstück der Jakobsmuschel („noix") von der Schale trennen, ungenießbare Teile entfernen. Den orangefarbenen Rogen (den so genannten „Corail") abtrennen. Das Muschelfleisch gründlich unter kaltem Wasser abspülen, auf ein Tuch legen und kalt stellen.

Für die Sauce:
Eine Mayonnaise anrühren, Wasabi hinzufügen, dann die Sahne und alles vermengen.

Radicchio-Salat:
Die einzelnen Blätter des Salates ablösen, die ersten zur Seite legen, den Rest in ganz dünne Streifen („juliennes") schneiden. Mit dem Rucola vermischen und beiseite stellen.

Die vorbereiteten Jakobsmuscheln in kleine Würfel schneiden und mit einem Teil der Wasabi-Sauce vermengen. Von dieser Mischung eine kleine Portion in ein Radicchioblatt geben und mit einem anderen Blatt abdecken.

Serviervorschlag: Den Rucola und die Radicchio-Juliennes mit der Vinaigrette vermischen. In der Mitte des Tellers anrichten, darum drei mit den Jakobsmuscheln gefüllte Radicchioblätter legen und mit der Sauce benetzen.

Weinempfehlung:
Claudy Bay Maborough Sauvignon 2002 (Neuseeland) – blassgelbe Farbe – starke Sauvignon- Duftnote – Aroma von Zitrusfrüchten und Limonen – starkes Aroma – im Mund ausgeglichen

Gebratener Lammrücken, paniert mit Oliven, serviert mit Mini-Auberginen

1,2 kg Lammrücken | 12 Mini-Auberginen | Salz Olivenöl | 1 Knoblauchknolle | 2 EL Zucker 1 Schalotte | 50 g schwarze Oliven | Butter

Filets und die Filets Mignons ablösen. Von den Filets etwas Fett abschneiden, Reste in Stücke schneiden, aufbewahren.

Auberginen längs in der Mitte teilen, dann in dünne Scheiben schneiden. Leicht salzen und mit Olivenöl benetzen. Bei leichter Hitze in einer beschichteten Pfanne bräunen. Auf eine feuerfeste Platte legen, zwei Knoblauchzehen hinzufügen und im Ofen bei 180 °C 35 Minuten braten.

Die Reste von der Vorbereitung des Lammrückens in Stücke schneiden, karamellisieren, den übrigen Knoblauch, die in grobe Stücke geschnittene Schalotte und so viel Wasser hinzufügen, dass alles bedeckt ist. 20 Minuten köcheln lassen. Den Bratensaft durch ein Sieb abgießen und auf die gewünschte Konsistenz eindicken.

Die Fleischseite des Lammrückens mit der vorbereiteten Paste aus schwarzen Oliven bestreichen. In einer Pfanne ohne Fett auf der Fettseite gut anbraten und je nach gewünschter Garstärke im Ofen fertigbraten.

Die Auberginen aus dem Ofen nehmen, etwas von dem Bratensaft hinzugeben und kurz bei starker Hitze in einer Pfanne anschwenken. Den Lammrücken in der Länge aufschneiden und die Filets Mignons braten.

Serviervorschlag: Geschmackvoll auf dem Teller anrichten und mit dem Bratensaft benetzen.

Weinempfehlung:
Clos Culombu prestige 2002 (Korsika) – Geschmack nach roten Beeren – scharfes Aroma, leichter Hauch von geröstetem Kaffee – ein Wein, der verführt

Jakobsmuscheln öffnen, Auberginen schneiden – alles will gelernt sein: Max von Thun, Doreen Dietl, Christine Neubauer, Wayne Carpendale und Sven Martinek (von links nach rechts) sind gelehrige Schüler beim Sofitel-Kochkurs.

„Wie sinnlich Jean-Philippe Perol in seiner Küche lebt, wie liebevoll er seine Muscheln formt – da versteht man plötzlich, dass Kochen auch Kunst ist.“ Die Teilnehmer des Sterne-Kochkurses sind begeistert, vor allem Christine Neubauer (links und unten Mitte) ...

... und die Schauspielerkollegen Frank Giering und Heikko Deutschmann.

Menu proposé par
Pierre Brice

Coquilles St-Jacques à la mode
de Bretagne
Comme le faisait pour moi ma grand- mère

Rôti de veau sur son lit d'échalotes
fourré d'une saucisse de Morteau
Comme le faisait si bien ma mère
Accompagné de tagliatelles aux
cèpes et au jus de truffe

Fromage surprise flambé au
marc de Gewurztraminer
à l'alsacienne

Le vin blanc

Grain de Muscat du pays
d'Oc année 2000

Le vin rouge

Saint Emilion
Grand Barrail année 2001

„Mein größter Traum ist ein eigenes kleines Restaurant". Im Kellergewölbe des „Le Restaurant" ist der erste Versuch von Pierre Brice bereits gelungen: Das Vier-Gänge-Menü könnte ein Sternekoch nicht besser machen.

Pierre Brice

Kochen ist mein liebstes Hobby

Le Restaurant in Crépy-en-Valois Wer es schafft, 15 000 Rezepte in einem Buch zu vereinen, der weiß, wovon er spricht und was er kocht. Gilbert Wenzler, der Kochexperte aus dem Elsass, blickt auf 33 Berufsjahre zurück, hat mehr als 20 Bücher geschrieben und sich mit seiner kulinarischen Bibel, in der vom kleinsten Snack zum Aperitif über die ausgefallensten Fisch-, Fleisch-, Wild- und Geflügelgerichte bis zu den Saucen und Desserts alles Essbare alphabetisch gelistet ist, ein kleines Denkmal gesetzt. Zehn Jahre lang sammelte und archivierte er: 120 Rezepte allein zum Thema Schnecken, 140 zur Zubereitung von Gänseleber, 100 mit Hühnchen und 500 mit Saucen. Wie ein Juwel hütet Gilbert Wenzler sein persönliches Gästebuch, in dem sich unter anderem Kollege Paul Bocuse und Stars wie Céline Dion und Gérard Depardieu für vorzügliche Gaumenfreuden bedanken.

Und was vermeintlich nach Rückzug aussieht, ist für den Gewinner des Grand Prix de l'Académie Nationale de la Cuisine (1980) ein lang gehegter Wunschtraum: Gemeinsam mit seinem Bruder Clément, der 24 Jahre lang und zuletzt in den USA auch internationale Kocherfahrungen sammelte, hat er eine Autostunde von Paris in dem kleinen Städtchen Crépy-en-Valois ein Kleinod entdeckt. Ein Kellergewölbe aus dem 14. Jahrhundert, von beiden in mühsamer Kleinarbeit restauriert, ist die Basis für ihr Lokal mit 35 Sitzplätzen, Möbeln aus dem 17. Jahrhundert und einer kleinen Sommerterrasse. Es heißt schlicht „Le Restaurant". Der Name ist Programm und lockt auch die Pariser in die traditionelle französische Küche mit frischen Produkten vom Markt und originellen Tageseinfällen der beiden Köche. Zu ihren vielen Rezepten gesellen sich jetzt drei neue von Pierre Brice. Jeden würden die beiden nicht in ihre kleine Küche lassen – aber von ihrem Nachbarn, der das Kochen und Experimentieren genauso liebt wie sie selbst, fühlen sie sich geadelt.

Kochen ist mein liebstes Hobby; früher konnte ich mit Pfeil und Bogen genauso gut umgehen wie heute mit Messer und Kochtopf. Schon als Kind habe ich meiner Mutter immer zugeschaut – daher kommt sicherlich meine Vorliebe für die bretonische Küche meiner Heimat. Aber auch alles, was mit Fleisch zu tun hat, steht auf meinem bevorzugten Speiseplan: Das kann ein Hase sein, den ich einen Tag lang in Rotwein, einem Schuss Cognac und Speckstückchen mariniere, oder Schweinebraten mit Honig und zum Schluss Balsamico-Essig. Ich probiere immer Neues aus und meine Frau Hella ist mein bestes Versuchskaninchen. Sie kocht nicht so gern – und ehrlich gesagt lasse ich sie auch nicht. Sie liebt alles, was ich koche, und isst sogar Innereien, das ist für eine Deutsche alles andere als selbstverständlich.

Da wir viel lieber zu Hause in unserem wunderschönen Landsitz in Sery Magne Val sind, eine Autostunde von Paris entfernt, als im Restaurant, war für mich klar, dass zumindest ein Teil meines „Cooking for Friends" hier stattfinden würde. Vier Wochen vorher testete ich verschiedene Varianten für mein Menü – vor allem die unterschiedlichsten Crêpes, ein Thema, das mir sehr am Herzen liegt. Ich fände es wunderbar, eine eigene Crêperie zu besitzen oder Stände in hochwertigen Kaufhausketten, wo „Crêpe de Brice" verkauft wird. Davon verstehe ich nämlich wirklich etwas – und nirgendwo gibt es sie so gut und so vielseitig wie in der Bretagne.

Meine neuen Freunde waren auch ganz begeistert. Ja, tatsächlich habe ich in meinem Alter, das ich sehr genieße, neue Freunde gefunden. Mein ganz persönliches Erlebnis mit „Cooking for Friends": Neben den Kollegen, die ich kenne, habe ich eine Gruppe begabter, hervorragend erzogener Jungschauspieler – allen voran Wayne Carpendale, der hier seinen Geburtstag feierte und bald zum erstenmal in Bad Segeberg auf der Bühne stehen wird –, bekocht und ins Herz geschlossen.

Dabei war ich vorher ganz schön nervös, fast wie bei einer Theaterpremiere. Da nur das Amuse-Gueule bei uns zu Hause stattfand und alles andere in unserem neuen Stammlokal „Le Restaurant" in Crépy – fast 50 Personen zum Dinner schafft unser Haus einfach nicht –, war ich auf fremde Hilfe angewiesen. Natürlich habe ich Tage vorher selbst eingekauft, Saucen vorbereitet, vorgekocht, am Tag selbst stundenlang in der Restaurantküche gestanden. Aber würde es am Ende wirklich so sein, wie ich es haben wollte? Normalerweise bin ich der Herrscher in der Küche, niemand darf neben mir stehen, wenn ich am Brutzeln bin. Kochtopfgucker haben bei mir keine Chance. Diesmal musste ich mir in die Karten schauen lassen ...

Dabei bin ich es gewohnt, für meine Kollegen zu kochen. Zwölf Jahre lang, von 1959 bis 1972, habe ich in Italien gelebt, viele Filme gedreht, wie „Kampf der Titanen" oder

„Zorro", und immer wieder Kollegen bewirtet wie Terence Hill – damals hieß er noch Mario Girotti –, Alain Delon, Romy Schneider und natürlich meinen Nachbarn Mario Adorf. Wir sind bis heute engst befreundet, unter anderem vielleicht, weil auch Freundschaft durch den Magen geht. Meine Kenntnisse der italienischen Küche habe ich dann in den Drehpausen der elf „Winnetou"-Filme immer wieder für meinen Partner Lex Barker eingesetzt: erst Spaghetti, dann pokern.
Wenn ich heute in festen Häusern auf der Bühne stehe, wie beispielsweise im Düsseldorfer Theater an der Kö, ist es ganz selbstverständlich, dass ich nach der Vorstellung ab und zu den Kochlöffel schwinge. Das Einkaufen zuvor macht mir mindestens genauso viel Spaß; es entspannt mich. Ich gehe gern auf den Markt oder zum Bauern – am liebsten allein, denn wenn Hella dabei ist, muss ich mich sputen. Sie drängt hin zu Boutiquen, wo es nichts für die Küche zu kaufen gibt. Manchmal koche ich auch mit Dingen, die ich im Kühlschrank finde. So komponiere ich neue Rezepte, die ich nebenbei in einem Buch zusammenschreibe.
Im Freundeskreis am Tisch zu sitzen und zu speisen ist für mich immer ein Erlebnis. Es geht nicht nur darum, satt zu werden; das gilt vor allem für „Cooking for Friends": Wer gemeinsam am Tisch sitzt, wird später nur selten gegeneinander aufs Schlachtfeld ziehen.

Pierre Brice

26 Liebesknochen, Eclairs der Pariser Konditorei Fouchon, bekommt Wayne Carpendale von Hella und Pierre Brice zum Geburtstag.

Jakobsmuscheln auf bretonische Art

6 Jakobsmuscheln pro Person | 3 El Butter
8 Schalotten | 4 Msp. Safranpulver | 4 EL Cognac | 16 EL Noilly Prat | 8 EL gepresster Tomatensaft | 100–150 g gehackte Champignons
Salz | Pfeffer

Die Jakobsmuscheln in zerlaufener Butter leicht anbraten, die klein gehackten Schalotten dazugeben. Wenn die Schalotten glasig sind, das Safranpulver hinzufügen. Etwas salzen und pfeffern. 2 Minuten auf kleinem Feuer köcheln lassen. Cognac hinzugeben, dann Noilly Prat, Tomatensaft und die gehackten Champignons. Alles auf niedriger Flamme 8 Minuten köcheln lassen.
Die Jakobsmuscheln herausnehmen, die Sauce weiter köcheln lassen. Sauce abschmecken und die Jakobsmuscheln wieder dazugeben.

Serviervorschlag: Mit Cocktailtomaten oder Erbsen und Estragonblättern anrichten.

Weinempfehlung:
Grain de Muscat du pays d'Oc 2000 – transparente, schöne Farbe – vollmundig – Duftnote von Pfirsichen – dominante Mandelnote – ein Wein von großer Klasse

Kalbsbraten mit Schweinswurst gefüllt, gebettet auf Schalotten und Tagliatelle mit Pilzen

1 kg Kalbsschulter oder -filet | 1 große Schweinswurst (in derselben Länge wie das Fleisch)
1 Knoblauchzehe | 1 Stück Butter | 4 EL Olivenöl
20 Schalotten | Salz | Pfeffer | ½ Glas Weißwein

Vom Metzger die Schweinswurst in das Fleisch einarbeiten und binden lassen. Die Kalbsschulter mit Knoblauch und Butter in Olivenöl golden anbraten. Schalotten hacken und dazugeben, salzen und pfeffern. Im Römertopf 40–45 Minuten braten. Das Fleisch öfters übergießen. Falls das Fleisch anklebt, Weißwein dazugeben.

Tagliatelle:
300 g Tagliatelle | 10 g Morcheln oder Steinpilze pro Person | Butter | Salz | Pfeffer | 2 EL Trüffelöl
2 EL Crème fraîche

Tagliatelle al dente kochen, abgießen, Morcheln oder Steinpilze in Butter anbraten, salzen, pfeffern. Crème fraîche unterrühren, abschmecken. Trüffelöl dazugeben, gut umrühren, über die Tagliatelle geben und mischen.

Weinempfehlung:
Saint Emilion, Grand Barrail, 2001 – sehr fein in der Nase – Duftnote von Johannisbeeren – angenehmer, langsamer Abgang – kostbar wie ein Smaragd, sollte man ihn in kleinen Schlucken mit geschlossenen Augen genießen

Crèpe gefüllt mit dünnen Apfelscheiben, karamellisiert und flambiert mit Calvados, gebettet auf einer Wolke von crème anglaise

2 Äpfel | 30 g Butter | 2 EL Honig | 4 fertige Crèpes | 4 EL Calvados | crème anglaise

Äpfel halbieren, schälen, Kerne entfernen, in längliche Scheiben schneiden.
In einer Pfanne die Butter erhitzen, den Honig dazugeben (oder braunen Zucker), karamellisieren, Apfelscheiben dazugeben und schön golden anbräunen.
Eine Hälfte jeder Crèpe mit den Apfelscheiben belegen, Crèpe zuklappen. Die Crèpe in heißer Butter anbraten, mit 1–2 Esslöffel Calvados (oder mit Orangenlikör oder Cognac) flambieren. Vorgang für die nächsten drei wiederholen.

Serviervorschlag: Mit Früchten der Saison garnieren oder auch mit einer Eiskugel servieren.

Pierre Brice lässt niemanden in seine Landhausküche.

Auch Ehefrau Hella darf nur kosten
und die Menükarten schreiben.

Chef de cuisine und Gastgeber:
Pierre Brice beherrscht jede Rolle perfekt.

Ihre Begeisterung über Pierres Gastfreundschaft und Bretonenküche halten alle im Gästebuch fest (von links unten): Mario Adorfs Ehefrau Monique, Dankwart Bette von „Brisant" (ARD), Bettina Kornau von der Agentur Scholz & Friends sowie Max von Thun.

Menü

Asiatischer Salat mit warmen Hühnerbruststreifen

Katrins herzhafte Fischsuppe

Banane im Reisblatt gebacken an Mango Chutney und Ingwer Eiscreme

Weine

2001 Ciel de Ciel

Weißer Burgunder mit Riesling

Niersteiner Orbel Riesling Spätlese

Drei Tage in Hongkong

1. Tag: Ankunft von Miro Nemec und Katrin Jäger, Lara Joy Körner, Roman Knizka und Stefanie Mensing, Sigi und Karin Rauch mit Thomas Cook Reisen in Hongkong. Am Abend Kochkurs mit Chefkoch Jochen Kern im InterContinental Grand Standford und Dinner mit Generalmanager Gerhard Hecker.

2. Tag: Bummel durch Hongkong, die Stadt vom Peak aus genießen, Einkaufen für den Abend mit „Traumschiff“-Chefkoch Heiko Müller im Central Market. Sigi und Karin Rauch stehen den ganzen Nachittag in der Schiffsküche. Am Abend „Davidoff Cooking for Friends“ auf dem „Traumschiff“.

3. Tag: Ausflug ins Fischparadies Lamma Island mit Klaus und Barbara Wildbolz. Am Abend: Die MS Deutschland läuft aus, mit Kurs auf Sri Lanka. Die Dreharbeiten zum „Traumschiff“ beginnen.

Hongkong

Siegfried Rauch

Das „Traumschiff" MS Deutschland
im Hafen von Hongkong

Siegfried Rauch

Durch Kochen Menschen zusammenbringen

„Es muss nicht immer Kaviar sein“, das hatte ich schon in die Einladungskarten für meine Crew geschrieben. Dass ich noch so einiges mehr „auf der Pfanne“ habe, oder besser gesagt, in diese zaubern kann, das sollten meine Freunde beim „Cooking for Friends“ selbst erleben. Unser „Traumschiff“ hatte nach wochenlangem Dreh in der Südsee und Australien nun in Hongkong angelegt – in dieser wunderschönen exotischen Stadt voller Gegensätze. Hier stiegen auch die neuen Schauspieler, meine Kollegen Miroslav Nemec, Lara Joy Körner, Klaus Wildbolz, Barbara Schöne und Roman Knizka zu. Erster Treffpunkt war das Grand Stanford InterContinental Hotel in Kowloon: einfach ein idealer Ort für den Beginn unseres „Cooking“, denn Chefkoch Jochen Kern gab den Kollegen einen asiatischen Kochkurs und Karin und ich konnten neun Gänge durch schlemmen.

Es ist eine schöne Idee, durchs Kochen Menschen zusammenzubringen. Und es kommt vor allem auch meiner Rolle des Thomas Lieven in „Es muss nicht immer Kaviar sein“ sehr nahe. Damit fing eigentlich alles an. In dieser Serie in den 70er Jahren wurde ich als Koch richtig bekannt. Nach jeder Folge habe ich damals ein anderes Rezept gekocht und wurde so zum deutschen Vorzeige-Hobbykoch.

Die wahre Meisterin ist aber nach wie vor meine Frau Karin. Sie besitzt die natürliche Gabe zum Kochen. Karin braucht nie ein Kochbuch; bei ihr ist alles reine Intuition. Sie hat es im Gefühl, welche Zutaten in welcher Menge und welche Gewürze sie für ein Gericht braucht. Auch wenn wir essen gehen, weiß sie exakt, welche Kräuter und Zutaten verwendet worden sind. Sie schreibt sich nichts auf, kocht Gerichte einfach nach und es schmeckt immer hervorragend. Ich glaube, ich hätte nirgendwo auf der Welt eine Frau gefunden, die besser kochen kann als meine Karin! Und Liebe geht ja schließlich auch durch den Magen!

Zu Hause kocht meistens meine Frau. Sie regt sich nämlich immer fürchterlich darüber auf, wenn ich am Herd stehe und sie hinterher ihre Küche kaum wiedererkennt.

Für das „Cooking“ haben wir lange hin und her überlegt, mit welchem der zahlreichen Gerichte wir die „Traumschiff“-Crew verwöhnen wollen: Spaghetti mit Shrimps und ganz viel Knoblauch, eines meiner liebsten Rezepte, oder Karins sensationeller Schweinebraten mit Knödel, für den unser „Traumschiff“-Produzent Wolfgang Rademann alles stehen und liegen lässt und zu uns nach Bayern reist? Die Entscheidung fiel uns gar nicht so leicht. Schließlich wählten wir eine leckere Fischsuppe mit Zwiebeln und exotischen Gewürzen! Es ist ein Rezept, das Karin selbst erfunden hat – und für das sie in

Die weltberühmte Aussicht von Hongkongs Hausberg Peak auf die Stadt aus 554 Metern Höhe.

„Traumschiff“-Koch Heiko Müller: Mit Herz und Seele dabei Es ist schon ein Unterschied, ob man dem Team einer Hotelküche vorsteht oder als „Kapitän“ eine Küchenbrigade befehligt, die zwei Restaurants und diverse Bars betreut und Tag und Nacht für das „Wohlfühlgefühl“ der Passagiere im Einsatz ist. Heiko Müller meistert den Job auf dem „Traumschiff“, der immer noch sein Traumberuf ist, mit Lässigkeit und Charme. Die dreimonatigen Dreharbeiten der ZDF-Crew sind ihm dabei jedes Mal eine willkommene Abwechslung an Bord. Sie machen aber nur einen kleinen Teil dessen aus, was der Fünf-Sterne-Luxusliner MS Deutschland jährlich bewältigt. „Ich habe so viel von der Welt gesehen. Das beeinflusst natürlich auch meine sehr nährstoffbewusste Küche.“ Frisch muss alles sein, nur die besten Produkte kommen in die Luxuskombüse, die für eine ganze Bundeswehreinheit Platz bieten würde. Da kennt Heiko Müller sich aus – schließlich hat er auch mal ein Jahr im Unteroffiziersheim in Köln/Wahn gekocht.

Schon für den Wareneinkauf auf hohem Niveau ist Organisationstalent gefragt. Aber auch da hat der Westfale Übung – schließlich ist er nach seiner Ausbildung im Parkhotel Gütersloh und Stationen als Chef Gardemanger im Restaurant „Castel Herrnhof“ in Kaltern/Südtirol, im Dorint Kongress Hotel in Köln und als Chef Entremetier im Hotel Berghof in Zermatt/Schweiz seit sieben Jahren in schwimmenden Küchen zu Hause. Erst als Sous-Chef auf der „MS Donauprinzessin“, dann als Küchenchef auf dem Segler „Lili Marleen“, der „MS Mozart“ und der „MS Casanova“, um schließlich im Januar 2002 mit der MS Deutschland in den sicheren Hafen einzulaufen.

Wenn es die Zeit erlaubt, macht ihm das Entdecken ferner Länder, Küchen und Menschen besonders viel Spaß. Wie die beiden Hobbyköche Karin und Sigi Rauch, die einen Abend lang die „Traumschiff“-Crew bekochten und bewirteten, liebt er es, über Märkte zu schlendern, einzukaufen und sich anschließend an seinen Kreationen zu erfreuen.

Vor allem Hongkong hatte es ihm angetan. Mitten im Bankenviertel liegt das tägliche Ziel der asiatischen Hausfrauen: der Central Market. Denn nur das knackigste Blattgemüse, der vor ihren Augen geschlachtete Fisch und das frischeste Schweine-

>>

München bei einem Wettkochen schon einmal einen Preis bekam. Wir haben uns dafür entschieden, weil eine Fischsuppe auch gut zu Hongkong passt. Man bekommt hier schönen, frischen Fisch – was in meiner Heimat Bayern ja nicht ganz so einfach ist.
Und so begann unser „Cooking for Friends" erst einmal mit einem ausgiebigen Bummel über den „Central Market", der mitten in Hongkongs Bankenviertel liegt: knackiges Blattgemüse, exotische Früchte, und natürlich Fische, Hummer, Scampi – alles, was das Herz begehrt. Es gibt nichts, was man dort nicht kaufen kann. Unendlich viele Gerüche lagen in der Luft, Chinesen wuselten geschäftig umher. Für manchen sensiblen Europäer hat so ein asiatischer Markt teilweise aber auch echte Magenumdreher-Qualitäten. Da hängen Rinderherzen neben Hühnerbeinen, da winden sich Aale, Kröten und Hummer in kleinen Plastikwannen. Daneben dümpeln eingelegte Schlangen, Seepferdchen und Echsen. Delikatessen à la Hongkong, beleuchtet von schummrigen Rotlicht-Lampions. Und urplötzlich wurde in mir die Erinnerung wach an meinen ersten Hongkong-Besuch 1968 ...
Ich versuchte meinem Taxifahrer in Englisch und mit Händen und Füßen klarzumachen, dass er mich zu einem richtigen chinesischen Lokal bringen sollte. Ich wollte genau das essen, was Chinesen essen, nicht das, was man bei uns in Europa unter chinesischer Küche verstand. Mein Fahrer hatte begriffen und fuhr los – in eine Gegend, die nicht sehr Vertrauen erweckend schien. Irgendwann kamen wir in einem recht düsteren Hinterhof an. Ich überlegte kurz, ob ich nicht lieber wieder gehen sollte; aber dann siegte doch meine Neugier. Der Taxifahrer erklärte dem Koch noch einmal, dass ich typische chinesische Delikatessen probieren wollte. Der nickte und verschwand in seiner Küche. Was man mir dann allerdings kurze Zeit später servierte, verschlug mir wirklich den Atem: Ich bekam Gockel-Kämme, ungewürzt, einfach nur abgekocht. Der Höflichkeit halber probierte ich sie, kaute eine Weile darauf herum. Sie schmeckten wie Gummi, einfach ungenießbar. Und so sollte es weitergehen. Als zweites Gericht kamen merkwürdige Knorpel, offenbar von einer Schlange, dazu seltsam abgekochtes Gemüse, alles ohne Gewürze. Die Chinesen konnten nicht verstehen, das mir auch diese Deli-

katesse nicht so recht schmecken wollte. Ich zahlte, stand auf und ließ mich zurückbringen, um im Hotel etwas Ordentliches zu essen. Meine Experimentierfreudigkeit war mit einem Schlag vorbei und so bestellte ich dann doch lieber traditionelles Hühnchen süß-sauer.

Berührungsängste hatte ich beim Einkaufen für unser „Cooking" und dem Anblick der teilweise zweifelhaften Köstlichkeiten trotzdem nicht – außerdem hatte ich diesmal tatkräftige Unterstützung dabei: Heiko Müller, der Chefkoch der MS Deutschland, begleitete Karin und mich. Er besaß den fachkundigen Blick und wusste genau, was wir noch alles brauchten. Immerhin dauerte es dann doch fast zwei Stunden, bis wir auf dem wuseligen Markt alle Zutaten für den Abend beisammen hatten: frisches Hühnchen für den chinesischen Salat mit Hühnerbruststreifen, die vier verschiedenen Meeresfische (Weißbarsch, Lachs, Seeteufel und Perlfisch) für unsere Fischsuppe, und jede Menge Bananen zum Dessert.

Immerhin hatten wir 56 Gäste eingeladen. Nach dem Marktbesuch ging es auch schon los! Ab in die Schiffsküche der MS Deutschland, dem Reich von Heiko Müller. Dort wartete die wahre Herausforderung auf mich: 30 große Gemüsezwiebeln zu schneiden. Au weia – aber was tut man nicht alles für seine Crew! Ich hielt mich dennoch einigermaßen tapfer, schnippelte eine nach der anderen, ohne eine Träne zu vergießen, während Karin sich schon einmal um die Fische kümmerte, sie würzte und den großen Suppentopf mit Olivenöl und Butter aufsetzte, um den Fischsud vorzubereiten.

>>

fleisch finden den Weg in ihre Woks. Das Gewusel war ansteckend – und so verbrachten die drei zwei Stunden mit Schauen und Einkaufen für die Zutaten des Abends: frisches Huhn für den asiatischen Salat mit Hühnerbruststreifen, vier verschiedene Meeresfische für Karins Fischsuppe und viele Bananen zum Dessert für 56 Personen. Für die Rauchs eine Aufgabe, die es zu bewältigen galt; für Küchenmeister Heiko Müller, der 2000 mit dem bayerischen Staatspreis für besondere Leistung ausgezeichnet wurde, ein Kinderspiel.

Die größte Auszeichnung, die er zu vergeben hatte: Er bot den beiden eine Stelle als Koch auf der MS Deutschland an. „An der Art und Weise, wie sie mit Lebensmitteln umgehen, und an dem Fachwissen, das beide besitzen, habe ich sofort gemerkt, dass ich es nicht mit Amateuren zu tun habe. Leider haben sie abgelehnt." In ihrer privaten Küche haben die Rauchs mit Heiko Müller eines ganz sicher gemeinsam: Sie sind mit Herz und Seele dabei.

Alles frisch auf den Tisch: Heiko Müller sucht sich das lebende Hühnchen für den abendlichen Vorspeisensalat auf dem Central Market selbst aus.

纯正鯪魚肉

$28

Meine Frau war übrigens ganz in ihrem Element. Sie sagt immer, dass sie auf unseren vielen Reisen bereits nach kurzer Zeit das Kochen am meisten vermisst. Am liebsten würde sie unterwegs stundenlang in der Küche hantieren – und mit Knoblauch, Tomaten, Rosmarin leckere Gerichte zaubern. Das konnte sie in Hongkong ja nun ausgiebig. Sie freute sich darauf, der „Traumschiff"-Mannschaft ihre Fischsuppe aus Oberbayern zu kredenzen. Nach einer Weile hatte ich schließlich auch mein „Zwiebel-Programm" bewältigt und eine riesengroße Schüssel damit gefüllt. Die Zwiebeln wurden im Olivenöl und der Butter gedünstet, danach kam ein Fisch dazu, der zerfallen musste. Anschließend wurden Tomaten und verschiedene Gewürze dazugegeben.
Als Koch finde ich es das Wichtigste, immer wieder zu probieren – und ich war mehr als zufrieden. Leider hatte sich Karin durch das viele Rühren im großen, heißen Suppentopf den Unterarm verbrannt. Zum Glück war es aber nicht allzu schlimm.
Die Crew war schon sehr neugierig, was wir denn so auf den Tisch bringen würden. Und endlich war es dann soweit! Nachdem die Vorspeise, der asiatische Salat, schon gut angekommen war, warteten alle gespannt auf unsere Fischsuppe. Karin und ich servierten sie im eleganten Schiffsrestaurant „Vier Jahreszeiten". Und es dauerte nicht lange, bis wir die ersten anerkennenden Blicke und Komplimente ernteten. Alle löffelten zufrieden und genüsslich ihre Suppe und waren richtig begeistert!
„Unglaublich lecker" fand die Suppe sogar unser „Schiffsarzt Doc Schröder", Horst Naumann – und das, obwohl er sonst gar keine Fischsuppe mag. Genießend löffelte auch der richtige Kapitän der MS Deutschland, Andreas Jungblut. Er hatte großen Spaß an dem eher ungewöhnlichen Kapitänsdinner auf seinem Schiff. Und unser Produzent Wolfgang Rademann fand Karins Suppe sogar so fein, dass er nach dem Dessert gleich noch einmal einen Nachschlag orderte – natürlich nicht, ohne noch eine zusätzliche Portion von seinem heißgeliebten Knoblauch hineinzugeben! Unser Kollege Miro Nemec, ein begnadeter Hobbykoch und sonst als „Tatort"-Kommissar in München unterwegs, hat sich das Rezept für die Suppe übrigens gleich von Karin besorgt, um es zu Hause nachzukochen. Eine bessere Einstimmung als das „Cooking for Friends" zu Beginn der neuen Dreharbeiten, um sich zu beschnuppern, kann es eigentlich nicht geben. Es war ein wunderschöner Abend. Um ihn würdig ausklingen zu lassen, habe ich natürlich später zu meiner Gitarre gegriffen, Miro setzte sich ans Klavier und so hatten wir noch reichlich Stimmung nach dem schönen Essen.
Ein bisschen Wehmut beschlich mich schon, als ich dann an der Reling stand, im Arm meine Karin, hinter uns die Skyline von Hongkong. Das „Cooking for Friends"-Team von Davidoff Cigarettes ging von Bord, das Schiff verließ den Hafen und nahm Kurs auf Sri Lanka. Ich finde, es ist wirklich schön, durch Essen anderen eine Freude zu bereiten und damit Freunde auf der ganzen Welt zu gewinnen. Ich sah meine Frau an, und dachte bei mir: Das war sicher nicht mein letztes „Cooking". Wer weiß, in welchem Hafen der Welt unser „Traumschiff" beim nächsten Mal liegen wird. Aber natürlich habe ich auch schon eine Idee, was ich dann kochen will: Selbstgemachte toskanische Tortellini, gefüllt mit Mangold-Ricotta, und als Nachspeise mein berühmtes Omelette Soufflé. Das ist nämlich das einzige Gericht, das ich besser kann als meine Frau!

Es muß nicht immer

Kaviar sein

Euer Sigi Rauch

Mitten im Bankenviertel von Hongkong liegt das tägliche Ziel der asiatischen Hausfrauen, der Central Market – denn nur das knackigste Blattgemüse und vor ihren Augen geschlachteter Fisch findet den Weg in ihre Woks. Karin, Sigi und Heiko genießen den Einkaufsbummel.

Asiatischer Salat mit warmen Hühnerbruststreifen

Für den Salat:
30 g Zuckerschoten | 50 g Chinakohl | 50 g Shiitake-Pilze | 20 g Bambussprossen | 20 g Sojasprossen | 20 g Karotten (dünn geschnitten) 150 g Glasnudeln | 4 EL Austernsauce | 1 EL Sojasauce | 1 EL Sesamsauce | 1 cm Ingwer 1 Knoblauchzehe | Salz | Pfeffer | 150 g Hähnchenbrust

Für die Sauce:
100 g Zucker | Orangensaft | 20 ml Pflaumensaft 20 ml Bratensaft | ½ Zitronengras | Soja- und Austernsauce

Das Gemüse waschen, in Streifen schneiden und kurz blanchieren. Die Glasnudeln kochen. Das ganze Gemüse in einem Wok oder einer tieferen Pfanne kurz und scharf anbraten. Die Nudeln hinzugeben und mit den restlichen Zutaten abschmecken. Die Hähnchenbrüste ebenfalls in Streifen schneiden, mit Salz und Pfeffer würzen, in einer Pfanne anbraten und garen.

Für die Sauce lässt man den Zucker karamellisieren und löscht ihn mit etwas Orangensaft ab. Die restlichen Zutaten angießen und aufkochen lassen. Eventuell mit etwas Stärke binden. Abkühlen lassen.

Serviervorschlag: In der Mitte des Tellers den noch lauwarmen Salat anrichten, die Hähnchenbrustscheiben anlegen und mit der Sauce nappieren.

Weinempfehlung:
Diel de Diel 2001, Weißer Burgunder mit Riesling Diel, Schlossgut Diel – gehört zu den besten Weinanbaugebieten der Nahe – klar – erfrischend – elegant

Karins herzhafte Fischsuppe

2 große Gemüsezwiebeln | 100 g Butter | Öl | 4 Fischfilets (Meeresfische) | 1 Dose geschälte Tomaten | 2 Knoblauchzehen | 1 Würfel Gemüsebrühe aus dem Reformhaus | 1 Tasse trockener Weißwein | Pfeffer | Salz | ½ Zitrone | Currypulver | scharfer und süßer Paprika | 30 g Butter ⅛ l süße Sahne | Dill

Die Zwiebeln halbieren und in ganz dünne Streifen schneiden. In einem Butter-Öl-Gemisch glasig dünsten. Ein Fischfilet einlegen und unter Zugabe von etwas Wasser so lange dünsten, bis das Filet zerfallen ist. Die geschälten Tomaten im eigenen Saft zerdrücken und mit dem gepressten Knoblauch dazugeben. Brühwürfel mit 1–2 Tassen Wasser zusetzen und alles zugedeckt 10 Minuten leicht kochen lassen. Weißwein angießen und den Fisch vom Herd nehmen.
In der Zwischenzeit die restlichen Filets von beiden Seiten salzen, pfeffern, mit Zitronensaft beträufeln und in mundgerechte Stücke schneiden. Die Suppe mit Salz, Pfeffer, Curry und Paprika abschmecken. Die Fischstücke und 1 EL Butter hinzugeben und die Suppe einmal kurz aufkochen. 5 Minuten ziehen lassen.

Serviervorschlag: Die Sahne cremig schlagen, mit Dill mischen und einen Esslöffel auf die angerichtete Suppe setzen.

Autsch! Karin Rauch verbrennt sich fast den Arm durchs viele Rühren im großen heißen Fischsuppentopf in der Großküche der MS Deutschland.

Banane im Reisblatt gebacken mit Ingwer-Eiscreme

2 Baby-Bananen (½ pro Person) | 4 Brickteigplatten | 1 Mango | 1 TL Zucker | 1 Vanilleschote 1 Sternanis | Puderzucker | frische Früchte als Garnitur

Die Bananen halbieren, in die Brickteigblätter einrollen und frittieren.

Mango Confit:
Mango schälen und würfeln. Mit etwas Wasser, Zucker, Vanilleschote und Sternanis im Topf zum Kochen bringen. Die Flüssigkeit einreduzieren und bei schwacher Hitze köcheln lassen. Je nach Belieben mit Lychees, Erdbeeren, Minzeblatt und Puderzucker garnieren.

Ingwer-Eiscreme:
Für den Sirup:
150 ml Wasser | 125 g Zucker | 50 g geschälter Ingwer
Milch-Mixture:
100 ml Milch | 2 EL Zucker | 2 TL in Sirup eingelegter Ingwer
Ei-Mixture:
3 Eigelbe | 2 EL Zucker | 100 g geschlagene Sahne | 1 TL Zitronensaft

Für den Sirup Wasser und Zucker in einem kleinen Topf langsam erhitzen, bis sich der Zucker aufgelöst hat. Den Ingwer hinzufügen und alles 5 Minuten köcheln lassen.

In einem zweiten Topf die Milch, Zucker und den reduzierten Ingwersirup zum Kochen bringen. 20 Minuten ziehen lassen.
Die Eigelbe mit Zucker schaumig schlagen. Langsam, unter ständigem Rühren, die Milch zugießen.
Im kochenden Wasserbad die Eier-Zucker-Sahne-Mischung zur „Rose“ abziehen: Unter ständigem Rühren erhitzen, bis das Ei stockt und eine kremige Masse entsteht. Durch ein Spitzsieb passieren.
Zum Schluss gibt man dem Ganzen noch Zitronensaft zu und lässt es es in einer Eismaschine gefriert.

Weinempfehlung:
Niersteiner Orbel, Riesling Spätlese Nierstein – deutsche Güteklasse über Kabinett – Pfirsicharoma – würzig – elegantes Finale

Es muss nicht immer Kaviar sein. In die Fischsuppe hackt Sigl 30 große Gemüsezwiebeln und pfeffert kräftig nach.

„Danke, Kapitän Sigi für deine Fischsuppe – eine bessere Einstimmung zu Beginn der neuen Dreharbeiten, zum Sich-Beschnuppern, ob man es fünf Wochen miteinander aushält, kann es nicht geben." Darüber sind sich „Doc Schröder" Horst Naumann (unten links), Roman Knizka und Stefanie Mensing (oben) und Barbara Schöne (unten rechts) einig.

Von Karins und Sigis Suppe wollen beide noch einen Nachschlag – aber wenn sie wieder zu Hause sind, wünschen sich Heide Keller (oben) und Produzent Wolfgang Rademann (unten) Karins Schweinebraten.

Auf Lamma Island gibt es den frischesten Fisch, wissen Barbara und Klaus Wildbolz aus Erfahrung. Zu ihrem Ausflug haben sie auch Roman Knizka (unten) eingeladen.

Klaus Wildbolz war bereits fünfmal auf dem „Traumschiff“ und liebt es, immer wieder Neues zu entdecken – genau wie Weltenbummler Miro Nemec (rechts): Für ihn und Freundin Katrin Jäger ist die Fahrt mit der Schienenbahn auf den Peak ein Erlebnis.

助您掌握投資市場脈搏
Citibank投資服務
citibank
www.citibank.com.hk

Kochkurs Jochen Kern

InterContinental Grand Stanford Hongkong. Geschäftigkeit liegt in der Luft, in dieser Stadt mit fast sieben Millionen Einwohnern, die täglich ihrer Arbeit in Tsimshatsui, Kowloon, nachgehen.
Wer sich am frühen Abend dem InterContinental Grand Stanford nähert, läuft durch neonbeleuchtete Straßen, vorbei an Reihen von Läden; es wimmelt von Straßenhändlern, die ihre Waren anpreisen.
Für viele Touristen ist Hongkong ein Einkaufsparadies – doch den neu angekommenen Gast fasziniert zunächst vor allem der sensationelle Blick aus dem Fenster seines luxuriösen Hotelzimmers. Das Hotel liegt zum Viktoria-Hafen hin und die atemberaubende Aussicht auf die Skyline von Hongkong, dessen Lichter sich in der Abenddämmerung im Wasser spiegeln, lässt kaum Wünsche offen.
Der Reiz der Einrichtungen dieses Fünf-Sterne-Hauses ist ebenso aufregend wie die Stadt selbst. Obwohl das Nachtleben Hongkongs wartet, kann man dem Drang, das 579-Zimmer-Hotel zu erforschen, zunächst nicht widerstehen. Angelockt von den verführerischen Gerüchen fernöstlicher Küche, entdeckt man zuerst die vier Feinschmecker-Restaurants. Vom internationalen Buffet über original italienische und moderne europäische Küche bis hin zu chinesischen Spezialitäten ist alles vorhanden. Der Duft frisch zubereiteter Pizza aus dem Ofen

>>

Wie ein schöner Traum

„Wer es in diesem Beruf versteht, Spaß zu haben, der liebt es, Chef zu sein. Meiner Meinung nach bietet kein anderer Beruf so viel Spannung, Abwechslung, Vielfalt und Flexibilität – und alles führt zu meinem Hauptziel: die Wünsche des Gastes zu erfüllen."
Das ist die Überzeugung von Küchenchef Jochen Kern, der seit September 2002 für die sieben Food & Beverage Outlets des InterContinental Grand Stanford in Hongkong verantwortlich ist, darunter eine Vielfalt an Fünf-Sterne-Restaurants wie das „Belvedere" mit moderner europäischer Küche, das „Mistral" mit authentischer italienischer Küche, das „Café Rendezvous" mit internationalem Buffet und à la carte den ganzen Tag und das „Hoi King Heen" mit kantonesischer Küche. Kerns Ambition besteht darin, „das höchste Niveau an Speisenqualität zu erreichen, unseren Gästen einen Fünf-Sterne-Service zu bieten und gleichzeitig eine kreative, aber trotzdem durchschaubare Speisekarte zu entwickeln."
Der in Deutschland geborene Jochen Kern begann seine klassische Ausbildung zum Küchenchef vor mehr als 37 Jahren. Seine Karriere hat ihn durch viele Küchen rund um den Globus geführt, unter anderem in die seines eigenen Restaurants in Deutschland und als Führungskraft in die von internationalen Fünf-Sterne-Hotelketten wie dem Hyatt, Sheraton, Holiday Inn, Shangri-La und Meritus Mandarin.
Bekannt ist er für seine lustige, freundliche und aufgeschlossene Art, und dafür, dass er auch selbst gern und oft Hand anlegt; in der ganzen Hotelindustrie wird er sehr geschätzt. Ganz nebenbei spricht der Küchenchef auch noch Bahasa Malyu.
Jochen Kern ist nicht nur ein Genie in der Küche, sondern engagiert sich auch für mehrere Organisationen und vor allem für die Ausbildung zukünftiger Küchenchefs. Er arbeitete als Ausbilder an der Hotelschule Bandung (Bali Chapter) und der Beijing Lido Hotelschule und war fünf Jahre lang Berater an der Malaysia Penang Professional Cookery School. Im Jahr 1988 war Jochen Kern einer der drei Gründer des Cordon Noir Gourmet Club. Der Cordon Noir Gourmet Club ist ein nicht kommerzieller Verein mit einfachen Grundregeln, die unter anderem anordnen, dass jedes Abendessen Kaviar, Kreativität und Getränke bieten muss.
Um seiner Liebe zur Kochkunst Ausdruck zu verleihen, schrieb er vor fünf Jahren seine Biographie – mit dem bezeichnenden Titel: „Like a Lucky Dream": wie ein schöner Traum!

Vom Hotelbett im InterContinental Grand Stanford schaut der Gast direkt in den Viktoria Hafen. Atemberaubend auch die Kochkünste von Jochen Kern.

>>
des Restaurants „Mistral“ hält den Ankömmling fast davon ab, seine Entdeckungstour fortzusetzen.
Aber nach einem langen Flug, auch wenn er mit Thomas Cook Reisen noch so angenehm war, sollte die Entscheidung doch eher für eine Massage im „The Place“ ausfallen, die man hingebungsvoll genießen kann. Dieser Ort für Körper und Seele ist eine neue Errungenschaft des Hotels. Es werden unter anderem Spezialmassagen, Aromatherapien, Gesichtbehandlungen und die alte Kunst der chinesischen Reflexologie angeboten.
Ehe man sich' s versieht, ist man so entspannt, dass der Gedanke, die nächtlichen Straßen Hongkongs zu erkunden, nicht länger verlockend wirkt. Die Entscheidung fällt für das Live-Programm der neuen Damenband und ein Glas Wein aus der erstaunlichen Weinkarte in der „Tiffany's New York Bar“ aus, bevor man den Rückzug ins Hotelbett antritt. Das Bett sollte auch nicht unerwähnt bleiben: Der Komfort der Daunendecken und Kissen trägt sicherlich zu den süßen Träumen der ersten Nacht bei.
In Hongkong gibt es so viel Verschiedenes zu unternehmen, dass man unbedingt den Rat eines Experten suchen sollte. Der Concierge hat gute Tipps und der Reiseveranstalter in der Hotel-Lobby organisiert sofort alle Buchungen. Schließlich will man ja in so einer aufregenden Stadt nichts verpassen!

Chinesische scharf-saure Suppe nach Originalrezepten aus der Szechuan-Region

60 g Karotten, in 3 cm lange Stücke geschnitten 60 g Zwiebeln, in Scheiben geschnitten | 30 g Lauch, in Scheiben geschnitten | 60 g Bambus (aus der Dose) in 3 cm lange Stücke geschnitten | 30 g chinesische Strohpilze (oder jede andere Art von Pilzen) | 30 g Baumohren-Pilze, in 3 cm lange Stücke geschnitten | 10 g roter scharfer Peperoni, in dünne Streifen geschnitten (ohne Kerne) | 20 ml Salatöl | 20 ml weißer Essig | 0,5 l Hühnerbrühe | 20 g Maizena-Stärke Salz und weißer Pfeffer | 10 ml Chili-Öl | Koriandergrün

Das Gemüse im Salatöl sautieren und nach kurzer Zeit die noch knusprigen Gemüse mit Essig ablöschen. Mit Hühnerbrühe auffüllen und 2 Minuten kochen.
Die Maizena Stärke mit kaltem Wasser auflösen und langsam in die Suppe rühren und kochen lassen, bis sie etwas eindickt. Mit Salz und weißem Pfeffer würzen.

Serviervorschlag: Die Suppe in vorgewärmte Suppentassen geben und mit Chili-Öl und Korianderblättern (Cilantro) vollenden

Weinempfehlung:
Chardonnay, Cloudy Bay (New Zealand) – ausgesprochen ausgeglichener Chardonnay – Aromen von frisch gebackenen *biscotti* mit Grapefruit und Limonenschalen, gerösteten Nüsse und getrockneten Feigen – delikater Duft von gebackenen Äpfeln im Abgang

Gedämpfte Meeresfrüchteklößchen

20 g Garnelen, roh und geschält | 100 g Schellfisch- oder Kabeljaufilet | 4 Jakobsmuscheln 1 rote Peperoni | 1 Knoblauchzehe | 10 g Korianderblätter | ½ Zwiebel | ½ cm frischer Ingwer 1 Strang Zitronengras | 15 g Tomatenketchup 40 ml Kokosmilch (dicke, aus der Dose, Santan) 4 Stück Reispapier oder Nudelteig, Ø ca. 5 cm Salz und Pfeffer |

Die Hälfte der Garnelen, das Fischfilet und zwei Jakobsmuscheln in der Küchenmaschine mit der gehackten roten Peperoni, dem geriebenen Knoblauch, den gehackten Korianderblättern und der gehackten Zwiebel sowie Ingwer, Salz und Pfeffer mit dem in feine Streifen geschnittenen Zitronengras zu einer feinen Masse verarbeiten. Tomatenketchup und Kokosmilch dazugeben. Süßlich-exotisch abschmecken.
Reispapier oder Nudelteigkreise mit etwas Füllung belegen und schön säuberlich rundherum nach oben falten, ohne die Oberfläche der Füllung zu verdecken. Auf die obere offene Seite je eine halbe Jakobsmuschel und die restlichen Garnelen eindrücken. Die Klößchen 6 Minuten dämpfen.

Frühlingsrolle

100 g Schweinemett | 50 g Glasnudeln | 20 g Baumohrenpilze | 20 g Schalotten | 1 Knoblauchzehe | 20 g Krabbenfleisch | 40 g Sojabohnenkeime | Salz und Pfeffer | 4 getrocknete Reispapierblätter (Pfannkuchen) | 1 Ei | 4 Blätter Kopfsalat (aus der Mitte) | 4 frische Pfefferminzblätter | 4 Basilikumblätter | 4 Korianderstängel 40 g süße Chilisauce

Schweinemett, gewässerte Glasnudeln, in feine Streifen geschnittene Baumohrenpilze, die gehackten Zwiebeln und den zerdrückten Knoblauch kurz in der Pfanne anschwenken. Krabbenfleisch und Sojabohnenkeime dazugeben und alles mit Salz und Pfeffer würzen.
Die Reispapier-Pfannkuchen mit Ei bestreichen und warten, bis sie ein wenig weich werden. Mit der Hackfleisch-Gemüse Füllung belegen, einrollen und zukleben. Goldbraun frittieren.

Serviervorschlag: Auf dem Kopfsalatblatt, anrichten und mit Pfefferminz-, Basilikum- und Korianderblättern garnieren. Mit der Chilisauce zum Dippen servieren.

Miro Nemec kocht für sein Leben gern, lässt sich alle Rezepte aufschreiben ...

... und hat Riesenspaß beim asiatischen Kochkurs mit Freundin Katrin, Chefkoch Jochen Kern und Kollegin Lara Joy Körner.

Miro Nemec bereitet das Fünf-Gänge-Menü vor.

„Guten Appetit" wünscht Lara Joy Körner mit der chinesischen scharf-sauren Suppe.

Gratinierter Hummer nach orientalischer Art mit wildem Reis und grünen Spargelspitzen

60 g Butter | 20 g Schalotten | 30 g Banane
10 g kandierter Ingwer | Salz und Pfeffer
½ TL Currypulver | 1 kg Hummer (auch Fisch, Muscheln oder Garnelen geeignet) | 150 ml fruchtiger Wein | 100 ml Sahne | 10 g Mehl
2 Eigelbe | 40 g Schlagsahne | 200 g wilder Reis
40 g gemischte Paprikaschoten | 12 grüne Spargelspitzen

Ein Sautier-Töpfchen mit Butter ausstreichen. Mit gehackten Schalotten, gehackten Bananen und gehacktem kandiertem Ingwer ausstreuen und mit Salz, Pfeffer und Currypulver würzen. Den lebenden Hummer in heißem Wasser töten und in kaltem Wasser abschrecken (dies erleichtert wie bei einem gekochten Ei das Pellen oder Auslösen der Schale).
Ausgelöstes Hummerfleisch in das Sautier-Töpfchen geben und mit Weißwein und Sahne auffüllen. Mit einem Deckel oder Butterpapier abdecken und sachte 3 Minuten im Wasserbad sieden lassen.
Das Hummerfleisch herausnehmen und die Sauce mit Knetbutter (Mehl und Butter verknetet) andicken. Eigelb und Schlagsahne unterheben. Den Hummer mit der Sauce überziehen und unter dem Grill im Ofen überbacken.

Serviervorschlag: Den Hummer mit Wildem Reis, der mit Würfelchen von verschiedenfarbigen Paprikaschoten vermischt ist, und einem kleinen Bouquet von frischen, grünen Spargelspitzen garnieren.

Sorbet von der Passionsfrucht mit frischer Mango, Ananas und Lychees auf Minze-Accar-Salat mit Fünfgewürzsalz

Schale von 1 Zitrone | Schale von 1 Limone
2 Orangen | 60 g Zucker | 2 EL Essig | 300 ml Wasser | 1 ganze Ananas | 1 rote Peperoni | 12 Stängel frische Pfefferminze | 100 g Passionsfrucht-Sorbet | 2 frische Mangos | 12 Lychees
40 g Fünfgewürzsalz | Salz

Accar-Salat:
Zitronen- und Limonenschalen sowie die Schale der Orangen in streichholzgroße Streifen schneiden. Zucker in einen Topf leicht karamellisieren, mit Essig ablöschen und mit Wasser auffüllen. Geschnittene Zitrusschale hinzugeben. 2 Minuten kochen und abkühlen lassen. Ein Viertel der Ananas, die in Streifen geschnittenen Orangenfilets, die Peperoni und die Pfefferminzblätter hinzugeben. 1 Stunde stehen lassen.

Serviervorschlag: Das Sorbet, den Accar-Salat, das Gewürzsalz und die frischen Früchte farblich aufeinander abgestimmt anrichten.

Weinempfehlung:
Pinot Noir, Cloudy Bay (New Zealand) – exquisiter Duft nach reifen Morello-Kirschen und Veilchen. Feine Tannine mit einem Hauch roter Früchte, dunkle Eichenaromen und erdiger Charakter – schier endloser Abgang

Drei Tage in Rom

1. Tag: Kochkurs mit Sternekoch Heinz Beck auf der Terrasse des d'Inghilterra (oben). Am Abend: Tanzen im „La Maison".
2. Tag: Einkaufen auf dem römischen Gemüsemarkt mit Rolf Sachs. Am Abend: Der Designer kocht für seine Gäste im Hotel d'Inghilterra.
3. Tag: Sightseeing-Tour durch die Heilige Stadt mit Hannes Jaenicke und Tina Bordihn, Anja Kruse und Jean-Louis Daniel, Max Tidof und Lisa Seitz, Axel Milberg und Judith Betzler, Suzanne von Borsody und Jens Schniedenharn, Dennenesch Zoudé und Carlo Rola, Herbert Knaup und Moderator Franklin. Reiseführer: Hotelier Hans Fritz. Anschließend Lunch in der Villa Massimo. Am Abend: Vorspeise im Kloster Sant'Anselmo. Sydne Rome kocht im Ristorante REEF.

Rom

Sydne Rome
Rolf Sachs

Traumhafter Blick über die Ewige Stadt

Kochkurs Heinz Beck

Hotel d'Inghilterra Gekrönte Häupter, Intellektuelle, Staatsmänner und Dichter – alle haben sie die Eingangshalle des Hotel d'Inghilterra in Rom durchschritten, in dem die Tradition der Gastlichkeit von jeher hoch gehalten wird. In diesem Palast aus dem 17. Jahrhundert, der nur einen Katzensprung von der Spanischen Treppe entfernt liegt, hießen die Fürsten der Familie Torlonia einst ihre Gäste willkommen. Im päpstlichen Rom von 1845 wurde der Palast zum Gasthof; später erlangte er bei den in Rom ansässigen Dandys, Künstlern und Poeten, von Ernest Hemingway und Ezra Pound über Gregory Peck („Ein Herz und eine Krone") bis zu Wilbur Smith, schnell Berühmtheit.
Es gibt eine Art von Charme, die weit über den Luxus hinausreicht. Er besteht aus jener aristokratischen Noblesse, die nur wenige Orte zu vermitteln wissen. Dazu gehören auch einfache Details wie ein antiker Gegenstand, ein edler Stoff oder gedämpftes Licht. Das Hotel d'Inghilterra besitzt diese Atmosphäre: Harmonie, Diskretion und Stil. Gleich nebenan finden wir Valentino und in allen benachbar-

>>

Der Mann der Hauben, Sterne und Gabeln

Wer bisher dachte, der beste Koch Roms müsse ein waschechter Italiener sein, wird im „La Pergola", dem Gourmetrestaurant des Cavalieri Hilton, eines Besseres belehrt. Der in Friedrichshafen geborene Heinz Beck hat es mit seinen Kochkünsten geschafft, seit 1994 alle nur möglichen Hauben, Sterne und Gabeln einzuheimsen. Führende nationale und internationale Medien kürten den Zwei-Sterne-Gourmettempel über den Dächern Roms 2002 zum besten Restaurant der Hauptstadt und zum viertbesten Italiens.
Das hätte er sich damals nicht träumen lassen, als er sich mit einem schrottreifen Opel Kadett, kaum einen Pfennig in der Tasche, auf Empfehlung seines Lehrmeisters Heinz Winkler auf den Weg machte, den Wünschen des damaligen Generaldirektors Hans Fritz gerecht zu werden. Der wollte sein Hotel in den größten Schlemmertreff Roms verwandeln. Für Drei-Sterne-Koch Heinz Winkler, der den wissenshungrigen Beck zunächst im Münchner „Tantris" und später in seinem Aschauer Hotel Residenz unter seine Fittiche genommen hatte, war klar, dass nur er den nötigen Tatendrang, Ehrgeiz und vor allem das Talent für diese Aufgabe mitbringen würde.
Ganz im Gegensatz dazu die Einstellung der eleganten Juweliersfamilie Beck, die nicht daran dachte, eines Tages einen Koch in der Familie zu haben: Heinz wollte zunächst Maler werden, doch sein Vater war strikt dagegen; und so übernahm er die Idee des Bruders, der heute erfolgreicher Hotelunternehmer in London ist, und ließ sich zum Koch ausbilden. Nach der Passauer Berufsschule und der Hotelfachschule in Altötting waren ihm nur die feinsten, mit Sternen gepflasterten Adressen gut genug: der Party-Service von Feinkost Käfer, das berühmte Colombi Hotel in Freiburg, nach dem „Tantris" in München das „Tristan" auf Mallorca, die Residenz Heinz Winkler und schließlich die Position als Küchenchef des „Harlekin" Gourmetrestaurants im Grand Hotel Esplanade in Berlin. Mit seiner Einstellung zum Leben wie zur Arbeit überlässt Beck nichts dem Zufall; halbe Sachen sind nicht sein Ding.
Sein Motto ist die absolute Präzision, begleitet von einer sicheren Technik und weit reichenden Kenntnissen der Regeln der klassischen Küche. Sein Prinzip der an der „Reduzierung" orientierten Küche verfolgt er auf ungewöhnlich originelle Art und mit viel Enthusiasmus und Leidenschaft. Wichtig sind ihm die Zutaten – die besten Ingredienzien, die harmonischsten Zusammenstellungen –, die immer weniger kalorienreich sein sollen und mit denen er möglichst leichte, verträgliche Gerichte entwickelt. In einem seiner Bücher, „Heinz Beck" (Bibliotheca Culinaria), das zu einem der erfolgreichsten Kochbücher der letzten Jahre avancierte, beschreibt der quirlige Meisterkoch seine Philosophie am besten: „Ich möchte nicht Ihren Appetit befriedigen, sondern Emotionen vermitteln durch ein harmonisches Gleichgewicht von Gerüchen, Geschmacksformen

und Farben, die sich in einem gedämpften, raffinierten Ambiente miteinander verflechten. In dieser Atmosphäre möchte ich Ihnen Freude, Gefallen, Genuss, Vergnügen und Heiterkeit bereiten, genau die Gefühle, die ich in der Küche empfinde."
Bei seinem „Cooking-for-Friends"-Kochkurs auf der romantischen Dachterrasse des Hotel d'Inghilterra für die Film- und Fernsehstars Suzanne von Borsody, Anja Kruse, Dennenesch Zoudé, Axel Milberg, Max Tidof, Herbert Knaup und Franklin ist ihm genau das gelungen.

>>
ten Straßen leuchten uns die Lichter aus den Boutiquen der gefragtesten Modeschöpfer entgegen.
Die behagliche Bar im d'Inghilterra gilt von jeher als beliebtester Treffpunkt des römischen Adels. Der Charme der Holzverkleidung und der Ledersofas, die der Bar einen „britischen" Anstrich verleihen, hat allen Veränderungen im Laufe der Zeit standgehalten. Zum Lunch oder Dinner nach einem Theaterbesuch pflegt man ins „Café Romano" zu gehen, das sich an das Hotel anschließt. Das moderne Lokal ist ein Muss für Trendsetter und verspricht seinen Gästen eine kulinarische Reise rund um die Welt.
Alle 98 Zimmer und die Suite im Hotel d'Inghilterra sind mit antiken Möbeln, erlesenen Stoffen und eleganten Arrangements aus Formen und Farben eingerichtet, doch keines gleicht dem andern. Die sechste Etage beherbergt unter anderem die Panorama-Suite, die den wirklich lohnenden Blick auf eine große Terrasse freigibt: Ein Hängegarten verströmt hier seinen Duft – mit einer Fülle an Jasmin, Wildorangen, Kletterefeu und Olivenbäumen. Die atemberaubende Aussicht aus der Vogelperspektive auf die roten Dächer von Rom erweckt den Eindruck, man könne die schöne Kuppel von San Carlo al Corso mit der Hand berühren.

Spaß mit Becks Schokoladencannelloni (von links):
Suzanne von Borsody, Dennenesch Zoudé, Anja Kruse und Franklin.

Tortellini mit Pecorino und Puffbohnen

Für den Teig:
160 g Mehl | 80 g Hartweizengrieß | 1 Eigelb
2 Eier (1 Eiweiß dient zum Bestreichen des Teigs) | Salz

Für die Füllung:
80 g Ricotta | 20 g Sahne | 40 g Pecorino (gerieben)

Für den Fond:
800 g Puffbohnen in der Hülse | 30 g Guanciale (marinierte und getrocknete Schweinebacke)
natives Olivenöl extra | 40 cl Weißwein | Salz
2 EL geriebener Pecorino | 20 g Pecorino (in feinen Raspeln)

Mehl und Weizengrieß vermengen und mit einem ganzen Ei, 2 Eigelben (ein Eiweiß beiseite stellen), einer Prise Salz und so viel Wasser wie nötig zu einem ziemlich festen, glatten und seidig glänzenden Teig verkneten. In Folie gehüllt ca. 1 Stunde ruhen lassen.
Für die Füllung Ricotta, Sahne und den geriebenen Pecorino zu einer glatten Masse vermengen. Den Teig dünn ausrollen und mit dem zerklopften Eiweiß bestreichen. Mit einem Teelöffel kleine Häufchen der Füllung darauf verteilen. Mit einem runden Ausstecher kleine Kreise um die Farce ausstechen. Den Teig zu Halbmonden klappen und zu Tortellini formen.
Für den Schmorfond die Puffbohnen auspalen, kurz in siedendem Wasser blanchieren und das Häutchen ablösen. Die Schweinebacke in Streifen schneiden und in etwas Öl anrösten. Puffbohnen dazugeben, mit dem Weißwein ablösen, verdunsten lassen und kurz garen.
Die Tortellini 3–4 Minuten in Salzwasser kochen, dann in der Pfanne mit den Puffbohnen schwenken.

Serviervorschlag: Auf dem Teller mit dem geriebenen Pecorino verfeinern und mit Pecorinoraspeln garnieren.

Weinempfehlung:
Fiano di Avellino 2002, Feudi di S.Gregorio – 100 % Fiano-Duftnote von frischen Aprikosen und Pfirsichen – exzellente sanft-saure Balance

Lamm-Medaillons in der Artischockenkruste

8 Artischocken | 50 ml Olivenöl | Salz | Pfeffer
100 g Mie-de-pain-Senf | 350 g Tomaten | 1 500 g Lammrücken | 2 Bund Basilikum

Artischocken:
Von den rohen Artischocken die Blätter und das Stroh entfernen, die Stiele abtrennen und schälen. Stiele in Stücke schneiden und in Olivenöl weich schmoren, danach pürieren und durch ein Sieb streichen. Ein Drittel der verbleibenden Artischocken in kleine Würfel schneiden und in einer heißen Pfanne in Olivenöl knusprig braten. Die Artischockenwürfel zum Artischockenpüree geben. Das Püree mit Senf, Salz und Pfeffer abschmecken. Zum Schluss etwas Olivenöl und den Mie de pain unter das Püree heben.
Die Tomaten blanchieren und häuten, in Viertel schneiden, das Kerngehäuse entfernen und das Fleisch würfeln.
Den Rest der Artischocken in Lamellen schneiden, in Olivenöl anschwenken und mit Salz und Pfeffer würzen. Die Tomatenwürfel dazugeben und das Ganze fertig schmoren.

Lamm:
Den Lammrücken vom Knochen lösen und von Fett und Flechsen befreien. Den Rücken zu 8 Medaillons teilen, leicht salzen und in einer Pfanne in heißem Olivenöl anbraten. Das Artischockenpüree auf den Medaillons verteilen

und unter dem Salamander gratinieren. Im Ofen bei 250 °C fertig garen.

Basilikumöl:
In einem Tischkutter das Basilikum unter Zugabe von etwas Salz in eisgekühltem Olivenöl mixen.

Serviervorschlag: Das geschmorte Artischocken-Tomaten-Gemüse in der Mitte des Tellers anrichten. Die überbackenen Lamm-Medaillons daraufsetzen und mit dem Basilikumöl ausgarnieren.

Weinempfehlung:
Colle Picchioni Vigna del Vassallo 1999 – 60 % Merlot, 35 % Cabernet Sauvignon, 5 % Cabernet France – sanft und elegant – reiche Aromen von Johannisbeeren, Minze, Cassis, Vanille und Zimt – langer Abgang – kräftig aber mit großem Charme

Schokoladencannelloni auf Beerenragout

90 g Butter | 15 g Staubzucker | 4 Eigelbe | 45 ml Kirschlikör | 200 g weiße Schokolade | 400 g Sahne | 150 g dunkle Schokolade | 150 g Walderdbeeren | 150 g Himbeeren | 150 g Heidelbeeren | 150 g Johannisbeeren | 150 g Erdbeeren 75 g Staubzucker | 2 EL Grand Marnier

Schokoladenmousse:
Die Butter mit dem Staubzucker schaumig rühren und die Eigelbe nach und nach unterheben. Den Kirschlikör erwärmen und mit der temperierten Schokolade zur Schaummasse geben. Zum Schluss die aufgeschlagene Sahne unterheben und das Ganze für 3 Stunden in den Kühlschrank stellen.

Cannelloni:
Die Schokolade raspeln, im Wasserbad schmelzen und temperieren. Auf 20 Plastikfolien (ca. 10 x 10 cm) die temperierte Schokolade zur Hälfte dünn auftragen und zu Cannelloni zusammenrollen. In den Kühlschrank geben und aushärten lassen. Die Plastikfolie entfernen und die Schokoladenkörper mit Schokoladenmousse füllen.

Beerenragout:
Die Beeren putzen und mit Staubzucker und Grand Manier abschmecken.

Serviervorschlag: Das Beerenragout in der Mitte eines Tellers anrichten und jeweils zwei Cannelloni daraufsetzen.

Menu Rolf Sachs

Salmon carpaccio
caramelised citrus peel
spring onions
crushed red pepper

Varichon and Clerc Brut
Privilege Blancs de Blancs
Varichon and Clerc Brut

filet of beef "flambé"
sauce cognac
raisins and green pepper
potatoe purée and sweet carrots

* * *

Verdicchio dei Castelli di Jesi
Le Moie - 2002
Fazi Battaglia

lemon sherbet
with its russian fire

* * *

Chianti classico
Villa Antinori Riserva 1999
Villa Antinori

„Wir in Deutschland träumen oft von einer langen Tafel mit weißen Tischdecken, Flaschen, Gläsern, gutem Essen in Italien. Grazie Mille Rolf Sachs für die Tafel in der Via Bocca di Leone, im Café Romano, dem Restaurant des Hotel d'Inghilterra" (Auszug aus dem Gästebuch).

Rolf Sachs

Nur bei Saucen kann ich mich richtig austoben

Kreativität und Geschmack sind in der Küche genauso gefragt wie beim Designen von Möbeln und Accessoires. Also lag es nahe, dass ich begeistert zusagen würde, wenn man mir erlaubte, für Freunde zu kochen. Es ist doch die schönste und intensivste Art von menschlicher Kommunikation, mit der Familie und mit Freunden zu essen – erst recht, wenn man kreativ ist und die Mischung stimmt, wenn ich alte Freunde wieder sehe, neue dazugewinne und das Ambiente so traumhaft ist wie in einer Opernkulisse. Ich hätte mir nur gewünscht, mehr Zeit zu haben, nicht gleich am darauf folgenden Morgen zu einer Taufe nach New York zu müssen. Aber viele Freunde auf der Welt zu haben heißt auch viel zu reisen; abgesehen von den vielen Geschäftsreisen. Gott sei Dank ist meine Frau Maryam eine Nomadin und fühlt sich überall wohl.
Wir beide leben seit 1994 in London, aber wir lieben Rom. Mein Onkel Ernst Wilhelm Sachs hatte hier eine Wohnung und ich war oft zu Besuch. Wir haben viele Freunde in dieser herrlichen Stadt und so war es für mich ein großes Kompliment, nach dem „Davidoff Cooking for Friends" in meinem Gästebuch ihren Eintrag zu lesen: „Brauchen wir tatsächlich einen Koch wie Dich, um einen der lustigsten und ausgefallensten Abende in Rom zu erleben? Na klar! Am besten, Du kommst einmal im Monat."
Das freut einen Hobbykoch wie mich natürlich, denn ich koche wahnsinnig gern. Es ging schon im Internat los, allerdings ganz heimlich, mit der Pastafete auf dem Zimmer. Und später dann im Ferienhaus meiner Eltern in St. Tropez – wenn sie nicht da waren, kein Personal zur Verfügung stand und ich Freunde einladen durfte. Dann bin ich morgens früh ins Dorf einkaufen gegangen und habe abends für 20 Personen aufgetischt. Zugegeben, für 50 ist das noch mal was anderes, vor allem weil ich nicht aus dem Kochbuch koche, sondern meine Rezepte selbst kreiere. Das ist viel spannender – und für die Portionierungen hatte ich diesmal professionelle Hilfe von Chefkoch Rodolfo Chieroni. Gleich bei meiner Ankunft am Vorabend habe ich ihn gebeten, Rosinen in Cognac einzulegen, damit die Sauce zum Rinderfilet auch wirklich so speziell wird, wie ich sie mir vorstellte. Ich bin ein Saucenfreak – nur bei Saucen kann ich mich wirklich am Herd austoben."
Das Team hat mich gleich akzeptiert. Herrlich, einfach in die Küche eines so traditionellen und berühmten Hotels wie dem d'Inghilterra gehen zu dürfen und einen Nachmittag und Abend lang Chef zu sein über eine Crew von sechs Leuten. Schon der Einkauf auf dem Gemüsemarkt am Mittag mit Hoteldirektor Giorgio Ciaceri hat viel Spaß gemacht. Die Italiener sind einfach ein unkompliziertes, sympathisches Volk – ein „Bacio" hier, ein „Bacio" dort, und schon ist die Tüte voll mit frischen Tomaten, Schalotten und Karotten.

Der Weltenbummler Rolf Sachs liebt es,
seine alten und neuen Freunde zu bewirten.

Natürlich hört bei meinem Beruf die Kreativität in der Küche nicht auf, das Setting ist ganz entscheidend. Also musste es eine lange Tafel sein, mitten auf der Via Bocca di Leone zwischen d'Inghilterra und Fendi, einen Katzensprung von der Spanischen Treppe entfernt – wie bei einem großen italienischen Familienfest. Wo kann man so etwas schon machen außer in Rom? In der Zwischenzeit hat Maryam alle Menükarten mit der Hand geschrieben und die Gästeliste nochmals überprüft. Uns beide verbindet übrigens auch das Kochen, obwohl sie es lieber gesund mag und ich richtige Hausmannskost vorziehe. Maryam kocht wunderbar persisch, mit frischen Gemüsen und süß-salzigem Flavour. Meine Devise heißt: Hauptsache, es schmeckt. Ich liebe Butter und früher, als Butter noch sehr teuer war, bin ich mit Vorliebe in Frankreich in die Lokale gegangen, die auf einem Schild stehen hatten, „Ici on fait la cuisine au beurre" – wir kochen mit Butter.
Als Maryam und ich uns das erste Mal trafen, sollten wir gemeinsam bei Freunden für 30 Leute Pasta kochen. Ich setzte ein Schokoladensoufflee obendrauf – und heute noch sagt sie in Interviews, das hätte den Ausschlag gegeben, dass sich in mich verliebte.
„Cooking for Friends" bedeutet für mich ein gemütliches Zusammensein in entspannter Atmosphäre. Der Vorteil: Man braucht nicht, wie bei einer Ausstellung – ich entwerfe gerade Möbel und Accessoires für meine 20. Einzelausstellung, diesmal in der Louisa Guinness Gallery in London – sechs Monate Vorbereitungszeit, um Menschen eine Freude zu machen.

Schauspielerliebe in der Ewigen Stadt: Hannes Jaenicke und Tina Bordhin. Hannes gibt zu: „Ich bin der bessere Kellner, Kochen überlasse ich anderen."

Ehefrau Maryam Sachs schreibt Bücher, deshalb muss sie auch die Menükarten mit der Hand schreiben. Zum Saucentest darf sie in die Küche des d'Inghilterra. Dennenesch Zoudé und Carlo Rola lassen sich das Rezept beim Sachs-Dinner gleich aufschreiben.

Lachs-Carpaccio

400 g frisches Lachsfilet | 1 unbehandelte Orange | 1 unbehandelte Zitrone | 40 g Butter | 2 EL Zucker | rosa Pfeffer | 2 Frühlingszwiebeln | 2 EL Olivenöl | 1 EL trockener Vermouth

Das Lachsfilet in Folie packen und im Tiefkühler anfrieren lassen. Orange und Zitrone heiß abwaschen, trockenreiben, und die Schale so dünn abtrennen, dass keine weiße Haut mit abgeschnitten wird (oder mit dem Zestenreißer kleine Streifen abziehen). Butter mit Zucker in einer Pfanne schmelzen, Schalen einlegen und unter Wenden karamellisieren lassen. Frühlingszwiebeln sehr fein schneiden.

Serviervorschlag: Teller mit Olivenöl ausstreichen. Das Lachsfilet in dünne Scheiben schneiden. Kreisförmig, auf den Tellern auslegen, mit Vermouth beträufeln, mit zerstoßenem rosa Pfeffer, Frühlingszwiebelringen und den karamellisierten Orangen- und Zitroneinzesten würzen.

Weinempfehlung:
Verdicchio dei Casteilli di Jesi, Le Moie 2002, Fazi Battaglia – strohgelb – starkes fruchtiges Aroma – harmonisch, ausgeglichen im Mund – angenehmer, leicht bitterer Nachgeschmack

Flambiertes Rinderfilet mit Kartoffelbrei und süßen Karotten

60 g Rosinen | 5 EL Cognac | 2 Schalotten | 2 EL Butter | 1 Glas Rinderfond (400 ml) | 0,2 l Rotwein 1 EL grüne Pfefferkörner | 4 Rindersteaks à 180 g 3 EL Sonnenblumen- oder Rapsöl | ½ TL Meersalz

Kartoffelbrei:
400 g Kartoffeln | 20 g Butter | 0,2 l Milch | Salz und Muskat

Karotten:
500 g Karotten | 70 g Butter | 60 g Zucker ½ Bund Petersilie (gehackt)

Am Vorabend die Rosinen in Cognac einlegen. Am nächsten Tag die Schalotten fein hacken, in Butter glasig dünsten. Mit Rinderfond und Rotwein aufgießen, auf die Hälfte einkochen lassen. Grünen Pfeffer dazugeben und wiederum reduzieren. Zum Schluss die Cognac-Rosinen dazugeben, alles wieder heiß werden lassen, vorsichtig anzünden und ausbrennen lassen. Die Steaks mit dem Handballen etwas flach drücken und auf beiden Seiten mit Küchenpapier trockentupfen. Den Backofen auf 75 °C vorheizen. Öl in der Pfanne erhitzen, die Steaks darin bei starker Hitze pro Seite etwa 1 Minute braten. Auf mittlere Hitze zurückdrehen und Steaks pro Seite in 1–2 Minuten blutig oder in 4–5 Minuten rosa braten. Salzen und im Ofen 5 Minuten ruhen lassen. Mit der heißen Sauce übergießen.

Kartoffelbrei:
Kartoffeln schälen und kochen. Danach durch eine Presse geben. Die Butter und die Milch zusammen erhitzen und zu den gepressten Kartoffeln geben. Mit Salz und Muskat abschmecken. Wenn das Püree noch zu fest ist, ein wenig Milch dazugeben.

Karotten:
Karotten schälen, waschen und mundgerecht würfeln. Butter erhitzen, Karottenstücke darin schwenken, mit Zucker bestreuen und leicht karamellisieren lassen. Mit gehackter Petersilie servieren.

Weinempfehlung:
Chianti Classico, Villa Antinori Riserva 1999, Villa Antinori – 90 % Sangiovese, 10 % Lanaiolo – tiefe rubinrote Farbe – ausgewogene Tannine und Gerbstoffe – weich, fein – langsamer Abgang

Zitronensorbet mit russischem Feuer

150 g Zucker | 100 ml Zitronensaft | 200 ml Weißwein | abgeriebene Schale von 1 unbehandelten Zitrone | 2 kleine Eiweiße | Wodka zum Aufgießen

Den Zucker mit 150 ml Wasser zu Sirup kochen und erkalten lassen. Den Zitronensaft abseihen, mit Wein, Zuckersirup und Zitronenschale mischen. Das Eiweiß halbsteif schlagen, mit dem Schneebesen kräftig unter die Mischung rühren. In eine Metallschüssel geben und 3 Stunden gefrieren lassen. Zwischendurch mit dem Schneebesen ab und zu durchrühren, damit sich keine harten Eiskristalle bilden.

Zum Servieren das Sorbet mit dem Pürierstab durcharbeiten, in gekühlte Gläser füllen und mit kühlem Wodka aufgießen.

Klassenausflug zum Colosseum: Herbert Knaup, Jens Schniedenharn, Suzanne von Borsody, Anja Kruse, Franklin, Lisa Seitz und Max Tidof.

Die Spanische Treppe ist ein „Must“ für jeden Rombesucher, also auch für die ganze Promi-Truppe.

Nach Rom wollen sie immer wieder zurückkommen,
denn sie lieben „La dolce vita“ (von links):
Anja Kruse und Ehemann Jean-Louis Daniel,
Carlo Rola und Dennenesch Zoudé,
Franklin, Lisa Seitz und Max Tidof.

Villa Massimo

Die Villa Massimo Seit 1913 ist die Villa Sitz der Deutschen Akademie Rom; mit zehn Künstlerstudios und dem Haus des Direktors Joachim Blüher liegt sie in einem 36 000 qm großen Park, der sich früher im Besitz des Principe Massimo befand. Dessen Urahn Maximus Cunctator besiegte mit seiner legendären Verzögerungstaktik Hannibal.
Die Akademie wurde von Eduard Arnhold gegründet, der auch die Häuser baute, den Grund erwarb und die Stipendien bezahlte. Er war der Typ Unternehmer, der als Lehrbub begonnen hatte, nach fünf Jahren die Firma besaß und die schlesische Kohlegewinnung wesentlich in der Hand hatte, indem er auch die Werften für die Kohlentransportschiffe baute. Als Berlins größter Steuerzahler unterstützte er mit seinem Geld nicht nur den Aufbau der Berliner Nationalgalerie – unter anderem durch den Erwerb der vom Kaiser und vielen anderen verschmähten Impressionisten –, sondern auch viele andere künstlerische und soziale Unternehmungen.
Jedes Jahr beherbergt die Akademie zehn von den Bundesländern ausgewählte Künstler, Komponisten, Schriftsteller/Dichter und Architekten. Ziel ist es, den Künstlern, deren Alter um die 40 liegen sollte und die erste öffentliche Erfolge vorweisen können, ein Jahr der Denkpause, biografischer Erfrischung, ökonomischer Entlastung und künstlerischer Neuorientierung zu ermöglichen. Auf ihre Art ist die Villa Massimo die Institutionalisierung der alten deutschen Italiensehnsucht. Das Stipendium stellt eine der bedeutendsten Auszeichnungen Deutschlands für Künstler dar.
Der Aufenthalt wird begleitet von jeweils zwei gleichzeitig für zwei Monate anwesenden Ehrengästen, die zur Creme des deutschen Geisteslebens gehören oder sich durch besondere Erfolge und eine besondere Lebenshaltung auszeichnen. Vorstellbar sind also auch Handwerker oder Köche. Sie arbeiten in der Villa Massimo und stehen im engen Kontakt mit den Stipendiaten. Während ihres Aufenthalts geben sie Konzerte, organisieren Ausstellungen, Workshops oder Lesungen. Ihr Aufenthalt und ihr Name sollen im Besonderen auf die römische Öffentlichkeit wirken. Deshalb steht Sternekoch Heinz Beck auf der Workshopliste, und die Gäste von „Cooking for Friends“, für die sich Joachim Blüher selbst in die Küche der Villa Massimo gestellt hat, sind jederzeit bereit, für ihre Künstlerkollegen Lesungen abzuhalten.

Farfalle mit Lachs

2 EL Butter | Olivenöl | ½ Zwiebel | 1 Knoblauchzehe | Weißwein | 400 g filetierte Tomaten | 200–250 g Sahne | 1 Msp. Zimt | 150 g geräucherter Lachs | 400–500 g Schmetterlingsnudeln (Farfalle) | Pfeffer

Die Butter im Öl schmelzen und Zwiebeln und Knoblauch darin anbraten. Mit einem Schuss Weißwein ablöschen und einkochen lassen. Die Tomaten zufügen und bei lebhaftem Feuer wiederum einkochen lassen. Sahne und Zimt zufügen und annähernd einkochen, dann den Lachs zugeben und kurz fertig garen.
In der Zwischenzeit die Farfalle al dente kochen, abseihen, den Sugo untermischen und mit Pfeffer betreuen.

Serviervorschlag: Schwarzen, roten und grünen Pfeffer mit Piment mischen. Das schmeckt nicht nur lecker, sondern sieht auch auf der Sauce gut aus.

Weinempfehlung:
Rosato 2000, I Campetti, Toskana – aus Sangiovese-Trauben in Weißherbstkelterung gewonnen – frisch und fruchtig – überzeugt auch nach Reife in den Folgejahren

Der ehemalige Galerist aus Köln Joachim Blüher bewirtet jetzt als Direktor seine Gäste in der Künstler-Villa Massimo. Die Farfalle mit Lachs kocht er gemeinsam mit seinen Putzfrauen.

Lesungen in der Villa Massimo würden alle Künstler sofort abhalten: allen voran Axel Milberg (links, mit Freundin Judith Betzler) und Anja Kruse mit Ehemann Jean-Louis Daniel.

Sant'Anselmo

Gamberoni in grüner Sauce

½ Bund glatte Petersilie | ½ Bund Basilikum 1 Stiel Minze | 1 Knoblauchzehe | ½ TL Senf ½ TL Kapern | 1 Sardelle | ½ TL Essig | 0,2 l Olivenöl | Salz | Pfeffer | 12 Gamberoni (frische Garnelen)

Für die Sauce die Kräuter waschen, Blättchen abzupfen und den Knoblauch schälen. Alle Zutaten im Mixer pürieren.
Salzwasser aufkochen, Gamberoni einlegen, nach 3 Minuten herausnehmen. Sofort entschalen und in die grüne Sauce tunken.

Weinempfehlung:
Frius Bianco Vino Frizzante, Cantina Golfo degli Angeli, Sardegna 2001 – Traubenmischung aus Vermentino Pinot und Chardonnay – strohgelb mit grünlichen Reflexen – trocken und lebendig im Geschmack

Koreanisches Bulgogi

1 kg zartestes Lendenfleisch vom Rind | 5 EL Zucker | 1 Apfel | 1 Birne | 3 Zwiebeln | 2 EL Sesamöl | Salz | 1 TL Pfeffer | 5 EL Sojasauce 2 Knoblauchzehen | 1 Stück Ingwer | 3 EL Sake

Zum Braten:
1 Bund Frühlingszwiebeln | 2–3 Knoblauchzehen | Sojaöl

Fleisch in sehr dünne, etwa 5 cm große Quadrate schneiden und mit 4 EL Zucker in eine Schüssel geben.

Für die Marinade:
Apfel, Birne und Zwiebel schälen und raspeln. Sesamöl, Salz, Pfeffer, Sojasauce, gepressten Knoblauch, 1 EL Zucker und frisch geriebenen Ingwer mit Sake verrühren. Mit Frucht-Zwiebel-Mischung vermengen, über das Fleisch gießen und mindestens 3 Stunden (besser über Nacht) ziehen lassen.

Das marinierte Fleisch leicht abtropfen lassen und mit klein geschnittenen Frühlingszwiebeln und ungeschältem Knoblauch in die heiße Pfanne geben. Die Fleischstückchen von jeder Seite etwa 1 Minute lang durchbraten.

Serviervorschlag: Mit Stäbchen direkt aus der Pfanne nehmen und verzehren.

Abtprimas Notker Wolf herrscht über 8500 Benediktiner und 16 500 Benediktinerinnen – und für „Davidoff Cooking for Friends“ über die Klosterküche von Sant'Anselmo. Anja Kruse, Dennenesch Zoudé und Herbert Knaup sind beeindruckt von der Geborgenheit, die der Ort ausstrahlt.

Cooking for friends : 9th of may

Antipasto : Marinated sword fish con tabbouli'

primi : fresh pici with fava bean and cherry tomatoes / fresh tagliolini with lemon!

Secondi : La Vignorala

Bella Vista spumante
Franciacorta
Cuvée Brut

Bellavista Cortefranca,
2002.

BellaVista
Terre di Franciacorta,
2000

Ihre ganze amerikanische Familie kocht, und Sydne Rome kocht fast täglich – denn sie weiß, dass Italiener ohne Pasta nicht leben können.

REEF
Davidoff
CIGARETTES
REEF

Sydne Rome

Das Kreativste, was man für Menschen tun kann

Das REEF Es liegt an einer typisch römischen Piazza, ist angesagt bei den VIPs der Stadt und hat eine relativ junge Essgemeinde: Das REEF kombiniert auf perfekte Weise Marineatmosphäre mit New Yorker Minimalismus. Die türkisblauen und grünen Farben, der überdimensionale bunte Fisch, der die Wand dekoriert, sowie der Name „REEF“ sind Teil des Gesamtkonzepts der Brüder Marco und Gianluigi Giammetta, Studenten des berühmten Architekten Massimiliano Fuksas. Beim Hereinkommen hat der Gast das Gefühl, durch eine Hafenöffnung das Meerestreiben zu beobachten. Das Restaurant besitzt die ovale Form eines riesigen versunkenen Schiffes, das am Meeresgrund ruht. Die Gäste gehen auf hölzernen Latten oder Glasoberflächen, die über weiße Sandstrände gelegt sind. Die zwei großen Wände sind aus zerbrochenem Glas gemacht, um einen Wassereffekt zu erzeugen, der durch eine wirkungsvolle Beleuchtung noch intensiver hervorgehoben wird. Die verrosteten Eisenteile, die vertikal und horizontal den Raum entlanglaufen, sehen aus wie verschlungene Seile. Einen Kult wollten sie schaffen, die vier Besitzer des REEF, Alessio und Andrea Peruzy, Vincenzo De Simone und Carlo Buonopane: ein Restaurant, das den modernsten Architekturansprüchen gerecht wird und Gourmetküche mit relaxter Atmosphäre verbindet.
Sie scheinen ihr Ziel erreicht zu haben, denn die Kreationen des jungen Chefs Stefano Leone sind in der Stadt Gesprächsthema. Natürlich ist Fisch die Nummer eins auf der Speisekarte, und für die Zubereitung von Sushi und Sashimi steht sogar ein Experte aus Indonesien in der Küche, die für alle Gäste einsehbar ist. Aber es gibt auch Fleisch, vegetarische Alternativen, klassisch römische Gerichte – und als Höhepunkt die frisch zubereiteten Desserts. Schon für den Ricottastrudel mit Spinat und Zitrusfrüchten oder die Espresso-Tiramisu lohnt sich der Besuch im REEF. Sonntags wechselt die Speisekarte; dann laden regionale Spezialitäten den Gast auf eine Reise durch Italien ein.

Nur meine ganz engen Freunde wissen, dass ich sehr gern und auch gut koche, denn sie kommen ab und zu in den Genuss, wenn ich sie zu uns nach Hause einlade. Die Lust am Kochen liegt bei uns in der Familie: Meine Schwester ist Profiköchin, mein Bruder arbeitet in der Fischindustrie und wenn ich zweimal im Jahr nach Amerika fliege, um alle zu sehen, wird immer gekocht. Zugegeben, für 50 Personen habe ich das noch nie getan und es war eine echte Herausforderung. Denn bei allem, was über zehn Gäste hinausgeht, geht es eher um gute Planung als ums Kochen.
Schuld ist meine liebe Kollegin Anja Kruse. Wir drehten gemeinsam für „Soraya“ in Bulgarien und redeten nur vom Kochen. Dann hat sie mir von „Davidoff Cooking for Friends“ erzählt und für sie war völlig klar: wenn Rom auf dem Plan steht, dann nur mit Sydne Rome. Wenn ich gewusst hätte, wie viel Arbeit das ist, dann ... Nein, Unsinn, ich bin so glücklich mit dem Ergebnis und es hat mir einen riesigen Spaß gemacht. Trotz mehr als einer Woche Vorbereitung, Rezepte schreiben und zu Hause alles auf den Kopf stellen. Gott sei Dank hat mir meine Freundin Sonia, die wie meine dritte Tochter ist, geholfen, diese Mengen zu bewältigen – allein die Tomaten zu enthäuten, zu entkernen und in Viertel zu schneiden für die Farfalle, oder die ganzen Zitronenschalen zu reiben für die Tagliolini. Ich musste einfach viele Sachen vorbereiten, konnte nicht erst in der Küche des REEF beginnen. Schließlich sollte alles perfekt sein. Erstens erwartet man das von mir und zweitens wollte ich meine alten und neuen Freunde auch verwöhnen. Ich habe ganz spezielle römische und ein toskanisches Gericht ausgesucht, und gerade der römische Gemüseeintopf mit Artischocken und Spargel braucht Zeit. Trotzdem habe ich noch den ganzen Abend am Herd gestanden, mit Unterstützung von Chefkoch Stefano Leone, und habe in großen Töpfen gerührt, Teller dekoriert, sie rausgetragen, meine Gäste bedient. Schön, immer wieder in diese strahlenden Augen zu sehen, zu merken, dass es meinen Gästen schmeckt. Kochen ist einfach das Kreativste, was man für andere Menschen tun kann.
Das Beste an Italien, neben dem schönen Wetter, der Sprache, den Menschen und natürlich meinem Mann, ist die Küche: das Gemüse, der Fisch, die Zutaten, die Kräuter – einfach alles. Bei mir erwartet natürlich jeder, dass ich gesund koche, weil ich nach wie vor täglich ins Fitnesscenter gehe; wo übrigens jetzt diejenigen meine Lehrer sind, die ich noch ausgebildet habe. Ich selbst unterrichte nur noch meine Freunde. Aber ganz ehrlich: Sooo gesund ist das auch nicht immer, was die ehemalige „Aerobic-Queen“ (wie mich die Medien heute immer noch nennen) auf den Tisch bringt; wenn ich allein an die toskanische Pasta mit den Würsten denke und die Sahne, die ich reichlich bei Desserts

Die ungewöhnliche Einrichtung und die feine Gourmetküche des REEF ziehen die römische Gesellschaft in ihren Bann.

verwende ... Das macht aber nichts, denn ich esse es nicht. Es gibt einfach Dinge, die ich prinzipiell nicht esse, wie Fleisch. Dann mache ich mir einen Salat und koche ganz normal für die Familie. Wenn ich zu Hause bin – und das bin ich sehr oft, seit wir vor sieben Jahren die Mädchen adoptiert haben –, dann koche ich täglich. Obwohl Vanessa und Jessy einfache Fleischbällchen allem anderen vorziehen. Nicht so mein Mann ...
Als ich Roberto vor 17 Jahren kennen lernte, wusste ich, du musst etwas Fabelhaftes machen. Wenn du den haben willst, dann geht das nicht über das Bett, sondern nur über die Küche. Er war ein junger Doktor und kam aus einer großen italienischen Familie mit acht Kindern. Das bedeutete immer viele Esser an einem großen Tisch. Irgendwie muss es geklappt haben, denn zwei Jahre später waren wir verheiratet und heute behauptet er: „Meine Frau hat noch nie zweimal dieselbe Pasta gemacht. Erstaunlich, wo sie so viel Phantasie hernimmt." Das stimmt natürlich nicht ganz – aber er hat diesen Eindruck und das ist wunderbar. Genauso wie das Heiraten: Man kann ein Leben voller Pläne beginnen. Und ich stecke jeden Tag voller neuer Pläne.

Sydne Rome

Das Team vom REEF, allen voran Starkoch Stefano Leone, trägt seine exzellente Hobbyköchin auf Händen (links). Dieser Part ist normalerweise Ehemann Dr. Roberto Bernabei (oben) vorbehalten.

Stefano Leone: Kochen ist Kunst Die Liebe zur Küche wurde ihm in die Wiege gelegt: „Obwohl ich überhaupt nichts von dem verstanden habe, was sie dort treiben, habe ich meine Mutter schon als Dreijähriger beobachtet und bei Familienfesten auch meine Großmutter und meine Tanten. Mit fünf bekam ich meinen ersten kleinen Ofen geschenkt und durfte ein bisschen rumexperimentieren und mit acht sind schon die ersten wunderbaren Kuchen entstanden." Die Augen des 27-jährigen Küchenchefs vom REEF strahlen, wenn er von seiner Leidenschaft erzählt. Stefano Leone ist der bescheidene Star des römischen Trendlokals, das optisch und inhaltlich neue Maßstäbe in der Metropole setzt. „Ich habe schon sehr früh erkannt, dass es nur zwei Arten des Kochens gibt: die gute und die schlechte. Ich lernte schnell den Geschmack und die Zusammensetzung der Gerichte zu unterscheiden, die meine Mutter machte, oder die Mütter von Freunden. Von ihr habe ich auch meine künstlerische Ader." Die Hotelfachschule allein konnte seinen Wissensdurst nicht stillen und so arbeitete Stefano in vielen Restaurants und Hotels. Auf seiner Liste stehen neben anderen das Cavalieri Hilton, das Grand Hotel Helio Cabala, das Sternerestaurant „La Terrazza" im Forte Hotel Eden und das Four Seasons Hotel Canary Wharf in London. Geprägt hat ihn vor allem seine Zeit im „Ristorante Favaron" in Bergamo und der Chefkoch des Four Seasons Hotel in Mailand, Sergio Mei: „Er ist berühmt für seine Kreativität und hat mir beigebracht, dass Kochen nicht nur mit traditionellen Gerichten zu tun hat, sondern sehr wohl Kunst sein kann."
Mit 24 fühlte sich Hobbymaler Stefano reif für die eigene Küche und nahm die Möglichkeit wahr, das REEF mitzueröffnen und ihm seinen Stempel aufzudrücken. Er liebt es, zu Hause mit seiner Freundin Annapaola zu experimentieren und Gerichte zu entwickeln, die er dann gemeinsam mit „seinen Jungs", wie er sein eingespieltes Küchenteam nennt, so lange immer wieder nachkocht, bis er zufrieden ist – und zufrieden ist Stefano Leone nur dann, wenn sein Gast mit einem glücklichen Lächeln auf den Lippen nach Hause geht. Deshalb kann er das Engagement von Sydne Rome, um ihren Freunden mit „Cooking for Friends" eine Freude zu machen, sehr gut verstehen: „Sie hat mit einer Leidenschaft ihre Gerichte zubereitet, der wir uns alle nicht entziehen konnten. Und die strahlenden Gesichter ihrer Gäste haben sie glücklich gemacht und für die Mühe belohnt."

Schwertfisch-Carpaccio mit Taboulé

400 g Schwertfisch | 1 EL Öl | 1 TL Zitronensaft frisch gemahlener Pfeffer

Taboulé:
1 Tasse Bulgur (Weizenschrot) | 2 Tassen Wasser | 2 Tomaten (gehäutet, entkernt, in feine Würfel geschnitten) | 1 Bund Lauchzwiebeln (fein geschnitten) | 1 Bund glatte Petersilie (fein gehackt) | 1 Bund frische Minzeblätter (fein gehackt)

Dressing:
½ Tasse Zitronensaft | 2 EL gutes Olivenöl | ½ TL Salz | ½ TL weißer Pfeffer

Varianten: Statt Bulgur lässt sich auch Couscous verwenden, Minze kann durch Zitronenmelisse ersetzt werden. Für einen Partysalat kann man die Minze weglassen und fügt schwarze Oliven und Schafskäse hinzu.

Schwertfischfilet in Klarsichtfolie wickeln und 50 Minuten ins Tiefkühlfach legen. Danach lässt es sich leicht in hauchdünne Scheiben schneiden. Auf Teller legen und mit etwas Öl, vermischt mit Zitronensaft, einpinseln. Pfeffer darüber mahlen.
Bulgur in kochendem Wasser 1 Stunde kochen. In einem Sieb abtropfen lassen, dann so gut wie möglich (Mulltuch) das Wasser herauspressen. Tomatenwürfel, Lauchzwiebeln, Petersilie und Minze untermischen. Dressingzutaten mischen, gut mit dem Bulgur vermengen und 30–60 Minuten ziehen lassen.

Serviervorschlag: Die dünnen Schwertfischscheiben am besten auf dunklen Tellern sternförmig auslegen. Das Taboulé in kleine Fisch- oder Pudding-Förmchen füllen und in die Mitte stürzen. In jedes Taboulé-Häufchen ein Minzeblatt stecken.

Weinempfehlung:
Franciacorta Bellavista Cuvée Brut – repräsentiert am besten die Qualität von Franciacorta – 80 % Chardonnay, 20 % Pinot Bianco und Pinot Nero – leicht gelbe Farbe mit grünem Einfluss – lang anhaltende Perlen – finessenreich am Gaumen – volles, fruchtiges, leicht nach Vanille schmeckendes Aroma, das sich im Abgang widerspiegelt

Farfalle mit Puffbohnen und Cherry-Tomaten

600 g frische Saubohnen (ungeschält) – (manche sagen auch Puffbohnen, in Italien heißen sie Fava) | 400 g frische handgemachte Nudeln oder die beste Trockenware (ideal: Farfalle von „De Cecco") | 3 EL gutes Olivenöl | 1 Schalotte (gehackt) | 4 EL Weißwein | 500 g Cherry-Tomaten (gehäutet, entkernt und in Viertel geschnitten) | 1 Knoblauchzehe (zerdrückt) | Salz | frisch gemahlener Pfeffer | 1 Bund Basilikum (in feine Streifen geschnitten) | 100 g frisch geriebener Parmesan

Bohnen enthülsen und die Häutchen von den einzelnen Kernen entfernen. Geht am einfachsten, indem man die Bohnenkerne kurz mit heißem Wasser überbrüht und eiskalt abschreckt, dann lassen sich die Häutchen leicht abziehen. 1 Liter Wasser salzen, aufkochen und die Nudeln einlegen, al dente bzw. nach Packungsaufschrift kochen. Die Hälfte des Olivenöls in einer kleinen Pfanne erhitzen. Fein gehackte Zwiebel goldgelb anschwitzen, Bohnenkerne und Wein zufügen, 5 Minuten simmern lassen. In einem großen Topf (damit die Nudeln reinpassen) das restliche Olivenöl erhitzen. Knoblauch anschwitzen (darf nicht verbrennen), dann Tomatenviertel zufügen, salzen, pfeffern und 8 Minuten dünsten. Vom Herd ziehen, Basilikum untermischen. Ist die Pasta fertig, abgießen und zu den Tomaten geben. Umrühren und dann die Bohnenkerne unterrühren.

Serviervorschlag: Frischen Parmesan drüberhobeln und gut gemischt servieren.

Weinempfehlung:
Bellavista Bianco Franciacorta , 2001 – ausschließlich Chardonnay- und Pinot-Bianco-

Trauben – strohgelbe Farbe – das intensive, wohlriechende Aroma ist zunächst blumig, dann fruchtig – Lavendel, Salbei, Zitrone, Apfel und Birne – elegant im Geschmack

Tagliolini mit Zitronenschale und Thymian

Schale von 2 unbehandelte Zitronen | 25 g Thymianblättchen | 150 g Pancetta (Frühstücksspeck oder Wammerl) | 2 EL Olivenöl | 15 g Butter | 50 g frisch geriebener Parmesan | Salz | frisch gemahlener Pfeffer | 400 g Tagliolini

Zitronen vorsichtig abreiben, damit nur die schale und möglichst keine weiße Haut mit abgeht (wird sonst bitter). Blättchen von den Thymianstängeln streifen. Speck in winzige Würfelchen schneiden, in Öl-Butter-Mischung knusprig braten, aber nicht anbrennen lassen. Frisch geriebenen Parmesan mit Thymian, Salz und Pfeffer mischen. Tagliolini in gesalzenem Wasser al dente kochen, abgießen. Erst Speckwürfel, dann Parmesanmischung unterrühren, gut vermischen und servieren.

Serviervorschlag: Am Tisch noch mit zusätzlich Parmesan bestreuen.

La Vignorola – Frühlingsgemüse-Eintopf

4 große Artischocken | 2 Zitronen (halbiert) 2 EL Olivenöl | 200 g geräucherter Schinken in langen dünnen Stücken | 2 Tassen geschälte Sau(Puff)bohnen (bzw. 1 kg in Schale) | 2 Tassen fein gehackte Zwiebeln (bzw. 6 Schalotten) | 2 Tassen (300 g) neue Kartoffeln (geviertelt) | 2 Tassen (500 g) grüne Spargelspitzen | 2 Tassen (300 g) enthülste Erbsen (bzw. 1 kg Erbsenschoten) | Salz | getrocknete Pfefferschoten (Chili) oder Cayennepfeffer | 2 TL Olivenöl extra vergine

Stiel von den Artischocken abschneiden und beiseitelegen. Die Spitzen aller Artischocken

um ein Drittel kürzen. Die äußeren Blätter so weit wegschneiden, bis das gelbe Herz frei liegt. Das Heu im Inneren mit einem scharfen Löffel entfernen. Den Artischockenboden direkt an den Blattansätzen abschneiden. Die unteren Seiten der Böden putzen (Fäden herausziehen). Jetzt ist es besonders wichtig, eine aufgeschnittene Zitrone bereitzuhalten, mit der man immer wieder die Schnittflächen abwischt, damit sich die Artischocke nicht unschön verfärbt. In einer Kasserolle oder Pfanne den Schinken bei mä-ßiger Hitze in Öl anschwitzen. Zuerst klein geschnittene Artischocken zugeben, dann Bohnenkerne, Kartoffeln, Spargelspitzen und zuletzt die Erbsen. 45 Minuten unter gelegentlichem Umrühren köcheln lassen. Mit Salz und Cayennepfeffer (Vorsicht, scharf!) abschmecken. Zum Schluss noch mit feinem Olivenöl überträufeln.

Weinempfehlung:
Bellavista Franciacorta Rosso 2001 – wird in geringen Mengen produziert und wächst auf lehmigem Kalksteinboden – Teile des Weines werden für zwei Jahre in großen Eichenfässern gelagert – helles Rot mit karminroten Lichtern – ausgedehnte Duftstoffe nach Vanille und einer Note von Pfeffer- und Fruchtaromen – trocken im Geschmack und vollmundig

Die Rezepte

Vorspeisen

Suppen

Pasta-Gerichte

Hauptgerichte

Beilagen

Desserts

Die Adressen

Max Tidof und Lisa Seitz – München

Speisemeisterei La Trattoria
Westernholzstraße 1
81245 München
Tel.: 089-88 29 01
Email: speisemeisterei@aol.com

Karsten Speck – Rügen

Dorint Strandhotel Binz/Rügen
Strandpromenade 58
18609 Ostseebad Binz
Tel.: 038393-430
www.dorint.de/ruegen

Restaurant Söl'ring Hof
Am Sandwall 1
25980 Rantum/Sylt
Tel.: 04651-836200
www.dorint.com/sylt-rantum

Alexandra Kamp, Suzanne von Borsody, Axel Milberg, Michael Mendl – Bregenz

Bregenzer Festspiele
Postfach 311
A – 6901 Bregenz
Tel.: 0043-5574-407-0
www.bregenzerfestspiele.com

Hotel Bad Schachen
Bad Schachen 1
88131 Lindau
Tel.: 08382-298-0
www.badschachen.de

Deuring Schlössle
Ehre-Guta-Platz 4
A-6900 Bregenz
Tel.: 0043-5574-78000
www.deuring-schlössle.com

Anja Kruse – Dortmund

Hotel Ambiente
Am Gottesacker 70
44143 Dortmund
Tel.: 0231-4773770
www.hotel-ambiente.info

Konzerthaus Dortmund
Brückenstraße 21
44135 Dortmund
Tel.: 0231-226960
www.konzerthaus-dortmund.de

Gasthaus Stromberg
Dortmunder Straße 5
45731 Waltrop
Tel.: 02309-4228
www.holgerstromberg.de

Ralf Bauer – München

Trader Vic's
Hotel Bayerischer Hof
Promenadeplatz 2–6
80333 München
Tel.: 089-2120-995
www.bayerischerhof.de

Johnny Talbot und Adrian Runhof – Hamburg

Dorint Am Alten Wall
Alter Wall 40
20457 Hamburg
Tel.: 040-36950-0
www.dorint.com/hamburg-city

Talbot Runhof
Milchstraße 3
20148 Hamburg
Tel.: 040-41345700

Klenzestraße 41
80469 München
Tel.: 089-2366730
www.talbotrunhof.com

Sascha Wussow, Thure Riefenstein, Claudia Jung, Wolfgang Fierek, Erkan & Stefan – Alta Badia

Tourismusverband Alta Badia
Strada Col Alt, 36
I – 39033 Corvara
Tel.: 0039-0471-836176
www.altabadia.org

Hotel La Majun
Strada Colz 59
I – 39030 La Villa/Alta Badia
Tel.: 0039-0471-847030
www.lamajun.it

Romantik Hotel La Perla
Strada Col Alt 105
I – 39033 Corvara/Alta Badia
Tel.: 0039-0471-836568
www.romantiklaperla.it

Club Moritzino
Moritz Craffonara
I – 39030 La Villa Badia
Tel.: 0039-0471-847403
www.moritzino.it

Ütia Punta Trieste
Willy Costamoling
39033 Corvara
Tel. 0039 0471 836643
www.sporthotel-panorama.com

Hotel Rosa Alpina
Relais & Châteaux
Strada Micura de Rü
I – 39030 San Cassiano/Alta Badia
Tel.: 0039-0471-849500
www.rosalpina.it

Hotel Sassongher
Strada Sassongher 45
I – 39033 Corvara/Alta Badia
Tel.: 0039-0471-836085
www.sassongher.it

Elizabeth Teissier und Pierre Cardin, Pierre Brice – Paris

Barrio Latino
46 Rue du Faubourg St Antoine
F – 75012 Paris
Tel.: 0033-1-55788475

Le Restaurant
14, rue Nationale
F – 60800 Crépy-en-Valois
Tel.: 0033-344941595
Email: lerestau@aol.com

Maxim's
3, rue Royale
F – 75008 Paris
Tel.: 0033-1-42662794
www.maxims-de-paris.com

Sofitel Demeure Hotels
Arc de Triomphe
14, rue Beaujon
F – 75008 Paris
Tel.: 0033-1-53895060
www.sofitel.com

Sofitel Demeure Hotels
Baltimore
88 bis, avenue Kléber
F – 75008 Paris
Tel.: 0033-1-44345454
www.sofitel.com

Sigi Rauch – Hongkong

InterContinental Grand Stanford
70 Mody Road, Tsimshatsui East
Kowloon, Hong Kong
Tel.: 00852-27215161
www.hongkong.intercontinental.com

MS Deutschland
Peter Deilmann Reederei
Am Holm 25
23730 Neustadt in Holstein
Tel.: 04561-3960
www.deilmann-kreuzfahrten.de

Thomas Cook Reisen
Herzog-Heinrich-Straße 10
80336 München
Tel.: 089-544940
Buchung Kreuzfahrten: Tel. 01803-400190
www.thomascook.de

Sydne Rome, Rolf Sachs – Rom

Deutsche Akademie Rom Villa Massimo
Accademia Tedesca in Roma Villa Massimo
Largo di Villa Massimo, 1-2
I – 00161 Roma
Tel.: 0039-06-4425931
Email: post@villamassimo.de
www.villamassimo.de

Hotel d'Inghilterra
Via Bocca di Leone, 14
I – 00187 Roma
Tel.: 0039-06-699811
www.hoteldinghilterraroma.it

La Maison
Vicolo dei Granari, 4
I – 00186 Rom
Tel.: 0039-06-6833312

Restaurant La Pergola
Chef Heinz Beck
Cavalieri Hilton
Via Cadlolo, 101
I – 00136 Roma
Tel.: 0039-06-35091
www.cavalieri-hilton.it

Ristorante REEF
Piazza Augusto Imperatore, 42/48
I – 00186 Roma
Tel.: 0039-06-68301430
www.ristorantereef.it

Kloster Sant'Anselmo
Piazza dei Cavalieri di Malta, 5
I – 00153 Rom
Tel.: 0039-06-5791-0

Danksagung

Danke, Danke, Danke.

Ich danke allen Starköchen und Prominenten, die gekocht haben – mit so viel Liebe und Engagement, wie es nur Menschen können, die ihren Freunden eine Freude machen wollen. „Davidoff Cooking for Friends", wie es eigentlich heißt, ist in Deutschland zum Kult avanciert; das haben zumindest meine Kollegen in den Printmedien geschrieben und in den TV-Sendern berichtet. Auch ihnen danke ich, denn ohne sie hätten wir all das Schöne, das wir in den Küchen dieser Welt erlebt haben, nicht weitergeben können. Einigen von ihnen möchte ich persönlich Danke sagen: meinem Freund Dankwart Bette, Heike Sittner und Hans Müller-Jahns von mdr „Brisant"; Silke Regel, Florian Hümmer und Clemens von Stauffenberg von ZDF „Leute Heute"; Kimberly Hoppe von der AZ für ihren „Traumschiff"-Bericht, Inge Brandt von der aktuellen, Tatjana Detloff von der Gala und Britta Segger von der Neuen Revue für die sensationelle Berichterstattung bei allen Events; Martina Mack vom Neuen Blatt, die ausführlich mit Sigi Rauch gesprochen hat, Peter Zoels vom Gong, der mir in Rom so perfekt alle Rezepte übersetzte, Klaus-Peter Ulbrich, der als Korrespondent des Bauer Verlags in Paris den liebevollen Reiseführer spielte und sich ausgiebig mit Pierre Cardin und seinem Maxim's auseinandersetzte; Ulrike Schmidt von der tz, die von Sydne Rome und Rolf Sachs alles zum Thema Kochen in Erfahrung brachte; meinem langjährigen Hotelierfreund Hans Fritz, ohne den mein emotionalstes „Cooking for Friends" in Rom niemals möglich geworden wäre; meiner PR-Kollegin Birgit Borrek, die uns in den Dorints und Sofitel Europas so vorzüglich gebettet und verköstigt hat. Ich danke Paul Cheroy, dem Pressesprecher der Sofitels, Gisela Sökeland von Thomas Cook Reisen, Sabine Kraemer von der Dorint Pressestelle, Manfred Canins und Damiano Dapunt vom Tourismusverband Alta Badia für die perfekte Organisation und langjährige Treue sowie Christine Rhomberg-Spiegel für ihre professionelle und liebevolle Betreuung während der Bregenzer Festspiele.

Ohne meinen Partner, Davidoff Cigarettes, wäre diese Event-Reihe niemals umgesetzt worden. Davidoff taufte mein Baby „Cooking for Friends", zog es groß und unterstützte all seine verrückten Ideen, voller Vertrauen in mich und unsere prominenten Köche. Danke, Claus Rehm und Peter Hennemann, und Danke an Henk Knaupe und Bettina Kornau von Scholz & Friends für die Einladungen, die Schürzen, die Kochmütze, die Dekoration, die Organisation und den Spaß, den wir zusammen hatten.

Ich danke meiner langjährigen und besten Freundin und Agentin Dagmar Konsalik für diesen wunderbaren Verlag und meiner Verlegerin Anja Heyne, die sich von meiner Begeisterung anstecken ließ. Danke meiner Lektorin Marta Vascotto, die mit mir Stunden vor ihrem Computer verbrachte und mir jedesmal den besten Cappuccino der Stadt servierte. Gemeinsam mussten wir uns zwischen 5000 Fotos entscheiden, die Erwin Schneider und seine Fotografen Wolfgang Breiteneicher und Thomas Furthmayr in geradezu unermüdlichem Einsatz geschossen hatten. Nie ist mir eine Auswahl so schwer gefallen.

Zum Schluss danke ich meinem Lebensgefährten Andreas Baumgartl dafür, dass er versucht hat, sich an das morgendliche Geräusch von Fingernägeln auf der Tastatur des Laptops zu gewöhnen. Ich freue mich schon darauf, dass er dieses Buch liest und die Rezepte anwendet – denn er ist eindeutig der bessere Koch von uns beiden.

Bildnachweis

Die folgenden Fotos wurden dem Verlag freundlicherweise von den jeweiligen Hotels, Restaurants und Veranstaltungsorten zur Verfügung gestellt: S. 6 (oben rechts), 35, 47; 57, 71, 85, 89, 91, 122, 123, 124, 125, 166, 197, 202, 203.

S. 13, 15: Harald Schulze; S. 51: Bregenzer Festspiele/Karl Forster; S. 73, 75, 79: Konzerthaus Dortmund/Daniel Sumesgutner; S. 92: People Image/Christian Stiefler; S. 105, 107: Soenne, Aachen; S. 225: Luigi Filetici.

Alle andere Fotos: Schneider-Press/Erwin Schneider, Wolfgang Breiteneicher, Thomas Furthmayr.

cooking for friends